Evaluation of Intergenerational Inequity
In Japanese Public Finance

日本財政における
世代間格差の評価

世代会計の手法を拡張した分析

水谷　剛
Mizutani Tsuyoshi

関西学院大学出版会

日本財政における世代間格差の評価
世代会計の手法を拡張した分析

は し が き

　日本では、少子高齢化の急速な進展を背景として、生産年齢人口の減少にともなう経済成長の鈍化や、年金・医療・介護等の社会保障給付の急激な増加が、経済や財政に大きな影響を与えている。特に社会保障制度は、社会保険料を負担する世代の人口が伸び悩む一方で、社会保障給付を受給する世代の人口が増加し、当初の制度設計どおりの負担と給付を維持することが困難になり、将来の持続可能性が大きな課題となっている。

　将来にわたり財政・社会保障制度の持続可能性を確保するためには、誰かがそのコストを負担しなければならず、世代を越えて負担を分かち合う必要があり、世代間公平の考え方が重要となる。世代間公平の問題を議論する際には、世代間格差の現状や将来を可視化することが有用で、その手法として世代会計の活用が期待されている。

　世代会計は、Auerbach, Gokhale and Kotlikoff (1991)により提唱され、世代間格差を分析する有益なツールとして活用されてきている。しかしながら、世代会計に対しては、その手法や有効性についてさまざまな批判が展開されている。世代会計が、世代間格差について正確でわかりやすい情報を伝えるツールとなるためには、世代会計の有効性を検証したうえで、現実に即した世代間格差の状況を伝えられるような手法の拡張が重要となってくる。

　このような問題意識の下、本書では、世代会計の有効性の検証と手法の拡張を中心に分析を進め、将来にわたる財政・社会保障の持続可能性の確保や「シルバー民主主義」という日本の課題解決に向けて、世代間格差の情報を的確に伝えるツールとして世代会計が活用できる可能性について考察を加えている。本書を通じて、日本の世代間格差や世代会計の手法に読者が目を向ける一助になれば幸いである。

　なお、言うまでもないことであるが、本書の内容はすべて私見であり、著者が現在までに所属してきた行政機関の見解を示すものではない。

本書の内容は、著者が関西学院大学に提出した博士論文をベースとしたものである。本書をとりまとめるにあたっては、多くの方々にご支援・ご指導をいただいた。紙幅の関係上、すべての方々に言及するわけにはいかないが、本書の各章のベースとなった研究論文についても、博士論文全体についても、多くの方から有益なコメントやご助言をいただいたことに心から感謝している。

　まず、博士論文の指導教員である上村敏之先生（関西学院大学）には、各章のもとになった研究論文の内容について的確にご指導いただくとともに、博士論文全体の構想についても多くの助言を頂戴した。上村先生のご指導がなければ、著者の問題意識や個別の研究論文の研究内容を本書のような形でとりまとめることができなかった。この場を借りて、あらためて心からのお礼を申し上げたい。

　また、博士論文の審査委員の副査をお引き受けいただいた高林喜久生先生（関西学院大学）、安岡匡也先生（関西学院大学）、小黒一正先生（法政大学）には、ご多忙の中、博士論文全体を丁寧に読んでいただき、全体から細部にわたるまで、多くの有益なコメントをいただいた。島澤諭先生（中部圏社会経済研究所）には、経済学ワークショップのコーディネーターをお引き受けいただき、世代会計の考え方について本質的なコメントをいただいた。各先生方にこの場を借りて感謝申し上げたい。

　本書の各章の内容は、そのほとんどが学会や研究会に報告した研究論文をもとにしている。それぞれの研究論文をまとめるにあたり、報告時の討論者やフロアからのコメントおよび投稿時の匿名レフェリーからのコメントは、著者の理解の不十分な点や表現の不明瞭な点などを気づかせていただき、研究論文の改善につなげることができた。特に、討論者をお引き受けいただいた日高政浩先生（大阪学院大学）、仲間瑞樹先生（山口大学）には、丁寧かつ示唆に富むコメントをいただいた。この場を借りて感謝申し上げたい。

　著者が世代間格差・世代会計に関心を持つきっかけとなった内閣府在勤中に國枝繁樹先生（一橋大学）、吉田浩先生（東北大学）、加藤久和先生（明治大学）、増島稔先生（内閣府）、小黒一正先生、島澤諭先生、佐藤康仁先生（東北学院大学）、宮里尚三先生（日本大学）の諸先生方にお世話になった。諸先

生方は世代間格差・世代会計に関する卓越した研究成果を残されており、諸先生方の研究論文を拝読させていただくとともに、世代会計の考え方や手法について直接教えていただいたことにより、著者が世代会計への理解を深め、その後の研究活動につなげることができた。この場を借りて感謝申し上げたい。

　また、滋賀大学経済学部在勤中には、ファイナンス学科の同僚の先生方に研究の方向性や研究内容について、有益なアドバイスをいただいた。この場を借りて感謝申し上げたい。

　最後に、本書の刊行にあたり、執筆に不慣れな著者を手厚くサポートいただいた関西学院大学出版会の田中直哉氏、浅香雅代氏にあらためて深く謝意を表したい。

　　2018 年 6 月

水谷　　剛

目　次

はしがき　　iii

序章　本書の問題意識と各章の概要　　1

1　日本の少子高齢化の状況　　1
2　日本の財政状況　　2
3　シルバー民主主義と世代会計の重要性　　6
4　全体の構成と各章の概要　　8

第1章　世代会計の手法面の展開と類型　　13

1　はじめに　　13
2　コトリコフが提唱した世代会計　　13
3　OLG モデル　　17
4　世代会計の手法面の展開と類型　　20
5　先行研究の前提の置き方　　26
6　世代会計の手法の問題点と改善の方向性　　33
7　おわりに　　35

第2章　世代会計の基本推計　　43

1　はじめに　　43
2　世代会計の手法　　44
3　本章推計のデータおよび手法　　48
4　推計結果　　52
5　おわりに　　57

第3章　世代会計における受益・負担の世代間分配手法の頑健性の検証　　67

1　はじめに　　67
2　世代間の受益・負担の分配データ　　68
3　世代会計の推計　　75
4　個人ベースの分配データへの変更　　76

5　法人税負担の帰着の変更　　86
　　　6　所得税の累進構造の反映　　90
　　　7　おわりに　　95

第4章　遺産を考慮した世代間格差の分析　　101

　　　1　はじめに　　101
　　　2　遺産の影響の分析手法　　102
　　　3　推計結果　　114
　　　4　おわりに　　117

第5章　財政危機を考慮した世代会計の分析　　125

　　　1　はじめに　　125
　　　2　先行研究と本章の位置づけ　　126
　　　3　財政危機の時期の分析手法　　129
　　　4　財政危機に関する想定　　133
　　　5　推計結果　　135
　　　6　おわりに　　145

補章　日本の財政危機の時期　　153
　　　──多様な貯蓄の推計による頑健性の検証

　　　1　はじめに　　153
　　　2　Hoshi and Ito（2014）をベースとした基本推計　　154
　　　3　基本推計の結果　　158
　　　4　頑健性の検証　　161
　　　5　おわりに　　174

終章　　179

　　　1　はじめに　　179
　　　2　各章のまとめ　　180
　　　3　政策のあり方　　185

　　　参考文献　　189
　　　索　引　　195

序 章

本書の問題意識と各章の概要

1 日本の少子高齢化の状況

　日本においては、平均寿命の延伸による高齢世代の増加と出生率の低下による若年世代の減少を背景として、近年、少子高齢化が急速に進展している[1]。総人口に占める 65 歳以上人口の割合を示す高齢化率をみると、1970 年には 7.1％と先進国で最低水準であったが、2017 年には 28.0％に達し、先進国で最高水準となっている。さらに、国立社会保障・人口問題研究所『日本の将来推計人口』（平成 29 年推計）によると、2065 年には高齢化率が 38.4％に達する見込みとなっている。

　少子高齢化の進展は、生産年齢人口の減少による経済成長の鈍化や高齢化による年金・医療・介護等の社会保障給付の急激な増加につながり、日本の経済・財政に大きな影響を与えている。特に、社会保障については、賦課方式をベースとした制度となっているため、制度に支えられる高齢世代の増加と制度を支える若年世代の減少により、持続可能性が懸念される状況となっている。

　国民皆保険制度をはじめとする日本の社会保障の枠組みが制度化されたときには、現在のような少子高齢化の急速な進展は予想されていなかった。平均寿命の延伸により年金や医療・介護サービスを受給する期間が長くなる一方、少子化による若年世代の減少により社会保険料収入が伸び悩むことになれば、当初の制度設計どおりの給付・負担を維持することは困難になる。

　こうした状況に対応して政府は、年金保険料の引上げや若年世代の人口減

少に対応して年金給付額を自動調整するマクロ経済スライドの導入を柱とする年金制度改革（2004年）、消費税率を引き上げ社会保障の充実・安定化を目指す社会保障と税の一体改革（2012年〜）を進めてきた。

制度設計当初の予想を越えて少子高齢化が進展すると、社会保険料を支払う若年世代の人口が伸び悩む一方、年金・医療・介護といった社会保障給付は増加することとなる。社会保障制度の持続可能性を確保していくためには、誰かがそのコストを負担しなければならず、世代を越えて負担を分かち合う必要があると考えられる。

将来世代に先送りされる負担は、社会保障制度に起因するものだけではない。あらゆる行政サービスに関連する政府の収入・支出の枠組みについて、少子高齢化にともなう持続可能性が問われなければならない。本書では、世代に着目して、少子高齢化の結果として生じる財政コストについて、現行制度を維持した場合にどの世代が負担することになるのか、どの世代が負担すべきなのかについて考察を加える。

2 日本の財政状況

日本の財政は、歳出が税収を上回る状況が続いており、その差額は国の借金である国債の発行により賄われている。各年度の税収等と政策的経費の差であるプライマリーバランス（以下、PB）の推移をみると、バブル経済崩壊後の経済の低迷を反映して1990年代にマイナスに転落し、年度ごとに変動はあるものの2015年までマイナスを続けている（図0.1参照）。その結果、1990年代以降の国債の大量発行を受けて国債残高は増加の一途をたどっており、普通国債残高は845兆円（2016年度）、一般政府（中央政府、地方政府、社会保障基金）の総債務残高は1296兆円（2015年度）に達している。

国際的な比較をみると、日本の一般政府総債務残高対GDP比は200％を超え、主要先進国で最も高くなっている。また、総債務残高から一般政府が保有する金融資産を差し引いた純債務残高でみても、日本の純債務残高は120％に達し、主要先進国で最悪の水準となっている（図0.2参照）。そのため、将来にわたる財政の持続可能性の確保が課題となっている。

序章　本書の問題意識と各章の概要

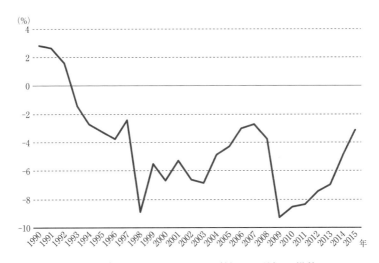

図 0.1　プライマリーバランス（対 GDP 比）の推移

（出典）IMF "WORLD ECONOMIC OUTLOOK DATABASE" より作成

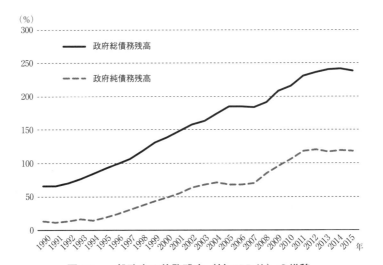

図 0.2　一般政府の債務残高（対 GDP 比）の推移

（出典）IMF "WORLD ECONOMIC OUTLOOK DATABASE" より作成

政府債務残高が増加してきた要因としては、歳出面では 1990 年代はバブル経済崩壊後の経済の低迷を受けた公共事業関係費の増加の寄与が大きかったが、2000 年代に入ると高齢化の進展を背景とした社会保障関係費の増加の寄与が大きくなっている。一方、歳入面では、経済の低迷や減税の影響による税収の減少の寄与が大きくなっている。

今後の少子高齢化の進展にともない、現行の社会保障制度の下では社会保障関係費のさらなる増加が見込まれる一方、生産年齢人口の減少により税収の大幅な増加は期待できない状況にある。このため、現行の社会保障制度・税制を前提とすれば、政府債務残高が増加し続けることとなるため、財政の持続性確保の観点から政府債務残高を抑制する取り組みが必要不可欠となる。

政府債務残高の累増の問題点の 1 つとして、世代間の不公平につながることが挙げられる。現在までに積みあがった政府の借金である政府債務残高は、将来の国民の負担で返済していく必要があり、将来において財政支出がつけ回された膨大な政府債務の償還に充てざるを得ない状況になれば、将来の給付減や負担増を招き、将来世代の負担につながることとなる。

さらに、政府債務残高の累増により財政の信認が損なわれることとなれば、ギリシャの財政危機にみられるように、金利の急騰や経済への悪影響を及ぼし、国民に大きな負担を強いる状況に陥る可能性がある。政府債務残高の累増による財政危機を回避するためにも、政府債務残高の縮減に向けて各世代でどのように負担を分かち合うのかを考えていく必要があり、世代間公平の視点が重要となってくる。

財政状況を示す指標の代表的なものが、先に示したフローの指標である PB とストックの指標である政府債務残高である。しかしながら、こうしたマクロレベルの財政指標のみにより、将来世代の負担を定量的に評価し世代間格差を的確にとらえることは困難である。

PB は、各年度の税収等から利払費を除く政策的経費を引いたもので、当該年度に必要とされる政策の経費をその年度の税収等でどれだけ賄うことができているかを示す指標である。PB は世代別に分離した指標ではないことに加え、賦課方式の年金の将来分の未払給付のような「暗黙の債務」が反映されておらず、PB のみでは世代間格差を適切に評価することは難しい。

序章　本書の問題意識と各章の概要　　5

　PBが赤字であれば、その時点に生きている世代は、税・社会保険料で支払う以上の社会保障、教育、防衛、社会資本整備といった公的サービスを受けていることとなる。逆に、PBが黒字であれば、その時点で生きている世代は、税・社会保険料負担を下回る公的サービスしか受けていないこととなる。

　PBが赤字の時期を長く生きている世代は、その世代が政府に支払った負担に対して大きな公的サービスを受けている傾向があると考えられるが、例えば社会保障給付と教育ではサービスを受ける世代が異なり、PBのみで世代間の格差を計測することは困難である。

　PBと同様、政府債務残高は世代別に集計した指標ではなく、そのままでは世代間格差を適切に評価することは難しい。政府債務残高は、現在および将来の国民の負担で返済していく必要があるため、将来世代の給付の減少や負担の増加につながる可能性が高い。特に現在の政府債務残高には、現在世代が残された生涯に税・社会保険料負担により借金を返す可能性や社会保障給付などによりさらに借金をつけ回す可能性が考慮されていない。すなわち、将来世代との世代間格差を論じるときには、現時点の政府債務残高だけでなく「暗黙の債務」を考慮する必要があるが、政府債務残高は、あくまで現時点での債務残高をとらえた指標であり、「暗黙の債務」について考慮されていない。

　財政の持続可能性を確保するためには、政府債務残高の縮減に向けて各世代でどのように負担を分かち合うのかを考えていく必要があるが、PBや政府債務残高といったマクロの財政指標は、国民一人ひとりにとって実感がなく、意味するところが理解しにくいという問題もある。

　このため、各世代における政府と個人とのお金のやりとりを個人レベルの生涯の受益と負担という形で示した世代会計は、世代間格差の可視化につながるメリットがある。世代会計の創始者であるコトリコフは、国の財政赤字等の桁数の多い政府統計は、「読者や筆者にとって、いったいどのような意味を持っているのだろうか。政府がわれわれ一人ひとりから、現在と将来において、いくら取り立てようとしているか明らかにしてくれたほうがよいのではないだろうか。世代会計は、その方向に目を向けている」（コトリコフ1993）と世代会計の意義を説明している。

なお、政府行動の変化に対する家計や企業の反応を考慮した一般均衡の枠組みにより世代間格差を分析する手法として重複世代モデル（以下、OLGモデル）があるが、世代会計は政府行動が変化しても家計や企業の行動は変化しないと仮定して政府に対する受益・負担を集計したOLGモデルを簡略化した枠組みであるととらえることができる。過去の実証研究において、世代会計はOLGモデルによる推計結果との差が大きくないことが示されており、政策分析を行う場合、世代間格差をわかりやすく伝えるツールとして十分役立つ可能性があると考えられる。

3　シルバー民主主義と世代会計の重要性

近年の政府債務累増の中で、総論としての財政健全化の必要性については多くの国民が認識してきている。しかしながら、有権者の高齢化が進む中、民主主義の政治プロセスを通して、財政健全化を実現することは容易ではない。

有権者の中位年齢はすでに55歳を超え、今後さらに上昇していくことが見込まれ、近い将来には60歳に達する見込みとなっている。多数決投票では中位投票者の選好が選択される中位投票者定理に従うと、現在でも相当な影響力があると考えられる高齢世代の政治プロセスへの影響力がさらに強くなることが見込まれる。高齢世代が個人の利己的な行動で投票するという前提に立てば、政治は有権者に占める割合が高い高齢世代に有利な政策をとる「シルバー民主主義」の問題が大きくなることが懸念される。

「シルバー民主主義」の下では、高齢世代に不利となる社会保障給付の削減などの政策は選択されず、高齢化の進展による社会保障関係費の膨張を抑制することが難しくなる。また、財政の持続可能性の問題についても、遠い将来に財政危機が予測され、増税、社会保障給付削減が必要になるとしても、高齢世代は自分たちが生きている可能性が低いため、若年世代に比べて関心が薄くなりがちであり、財政健全化へのインセンティブが弱いと考えられる。

その結果として、「シルバー民主主義」の存在が、政府債務残高の累増を招き、世代間の格差を拡大する可能性がある。加えて、投票権を持たない18

歳未満の世代や将来世代は、そもそも政治の意思決定に参加できないが、政治の意思決定には環境や財政の分野を中心として、現在の政策決定が将来世代にも大きな影響を及ぼすものが多い。

環境の分野では、現在世代が残した自然破壊や環境汚染により将来世代の厚生水準が大幅に下がるような現在世代による政策決定は望ましくなく、将来世代に住みやすい地球環境を引き継ぐことが課題となる。同様に財政の分野では、将来世代への負担の先送りにより、財政危機を招くような現在世代による政策決定は望ましくなく、投票権を持たない世代や将来世代の利益をどのように守るかが課題となる。

「シルバー民主主義」の問題は、高齢世代が自らの利益を最大化するように利己的に行動することを前提としている。仮に、高齢世代が若年世代や将来世代の利益を十分に考慮して投票すれば、少子高齢化で有権者に占める高齢世代の割合が高くなっても民主主義の政治プロセスを通じて社会全体の利益が守られることとなる。このため、高齢世代には、若年世代や将来世代の利益も考慮してもらうことが重要であり、高齢世代の利他的な動機に訴えることにより、将来世代を含めた社会全体の利益を実現することが考えられる。

高齢世代の利他的動機については、自分の子どもや孫のための負担を惜しまない高齢世代が多く、小さいわけではないと考えられる。例えば環境の分野では、将来世代のために環境を保護するための議論が地球規模で展開され、日本でも将来にわたり環境を守っていくための制度の整備に進展がみられる。また、自然破壊や環境汚染のニュースなどを通じて、将来にわたり美しい環境を残していかなければならないという意識が多くの国民に浸透している。

一方、財政の分野については、財政赤字や政府債務の報道はなされているものの、それらが将来世代へのつけ回しになるととらえている国民は多くないと考えられる。環境と財政はともに将来世代の生活に大きく影響を与える分野であるが、国民の意識の差の要因として、目に見えるかどうかが重要であると考えられる。

環境については、自然破壊や環境汚染が進めば、将来どうなるか想像がつきやすい。ところが、財政については、財政統計の数字から将来世代の生活

がどうなるか想像がつきにくい。このため、財政の分野において、高齢世代の利他的な動機に訴えるためには、若年世代や将来世代の負担がどれくらい重くなるかといった世代間格差に関する情報をわかりやすく伝えることが重要となる。

世代間格差に関する情報をわかりやすく伝えるツールとして、政府と個人のお金のやり取りを可視化する世代会計の活用が考えられる。世代会計の活用により、高齢世代が若年世代や将来世代の状況を十分に考慮して投票することにより、シルバー民主主義の問題の解決に資すると考えられる。

4　全体の構成と各章の概要

日本において少子高齢化が急速に進展し、財政状況が厳しさを増す中で、現行の社会保障制度・税制の枠組みを維持していくと、将来世代に過重な負担を強いることとなり、財政・社会保障の持続可能性も懸念される。将来世代の負担を合理的な範囲に抑え、財政・社会保障の持続可能性を確保していくためには、世代間で負担を分かち合うことが必要となる。このような政策を進めるためには、国民に世代間格差の情報を定量的にわかりやすく伝える世代会計の活用が期待される。

世代会計が、世代間格差について正確でわかりやすい情報を伝えるツールとなるためには、世代会計の有効性を検証したうえで、将来世代を含めた世代間格差の状況をわかりやすく理解できるような情報を伝える手法の拡張が重要となってくる。このため、本書では、世代会計の有効性の検証と手法の拡張を2つの大きな柱として分析を進めることにより、世代会計を世代間格差の情報を的確に伝えるツールとして活用されるようにすることを目指す。

本書の分析対象は、世代会計の枠組みが個人と政府の間のお金のやり取りを分析したものであることから、政府部門の社会保障・税、政府債務、少子高齢化が中心であるが、第4章の遺産を考慮した世代間格差の分析においては民間部門の遺産、第5章の財政危機の時期の推計にあたっては民間部門の貯蓄まで分析の対象を広げている。全体の構成を概観すると、前述のとおり、世代会計の有効性の検証を行ったうえで、世代間格差についてのよりわ

序章　本書の問題意識と各章の概要　　9

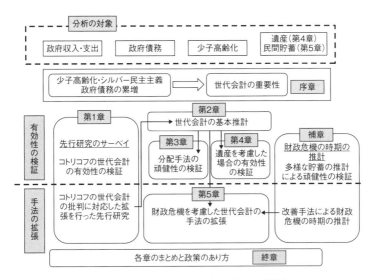

図 0.3　本書の分析の対象と各章の関係

(出典）筆者作成

かりやすい情報を伝えるための手法の拡張を行うことを 2 つの大きな柱としている。本書の分析の対象と各章の関係を図 0.3 に示す。

　序章では、日本の少子高齢化の進展や厳しい財政状況をまとめたうえで、PB や政府債務残高といったマクロの財政指標では世代間格差の情報提供に限界があり、世代会計の活用が期待されることを述べた。また、少子高齢化の進展によるシルバー民主主義の問題が懸念される中で、高齢世代が若年世代や将来世代の利益を十分に考慮することが社会全体の利益につながるが、そのためには世代会計による若年世代や将来世代の負担の可視化が重要であることを指摘した。

　第 1 章では、世代会計の先行研究のサーベイを行い、その手法を類型化して整理している。世代会計は、Auerbach, Gokhale and Kotlikoff (1991) により提唱され、世代間格差を分析する有益なツールとして日本を含む世界中で活用されてきている。一方、Auerbach, Gokhale and Kotlikoff (1991) が提唱した世代会計に対して、これまで、遺産などの利他的な行動や流動性制約を前提とすると意味がない、政府行動の変化に対する家計や企業の反応が考慮され

ていない、政府の歳入・歳出の将来推計の前提条件が恣意的である、割引率の置き方に大きな影響を受けるなどの批判が展開されている。

第1章では、こうした世代会計への批判と反論をまとめ、その後の研究における世代会計への批判に対応した手法面の拡張を類型化してまとめることにより、世代会計の有効性と手法の拡張について論じている。

第2章から第5章までは現実のデータを用いた世代会計の分析を行う。第2章では、本書の分析における世代会計の手法、データについて説明したうえで、世代会計の基本推計を行い、日本の世代間格差の現状を確認する。あわせて、本書の世代会計の推計結果を代表的な先行研究と比較することで、本書の世代会計の手法の頑健性を確認するとともに、結果の差異の要因を考察する。

第3章、第4章では、第2章で行った世代会計の基本推計をベースとして、さまざまな推計を行うことで、世代会計の有効性の検証を行う。第3章では、世代会計における受益・負担の世代間分配手法の頑健性を検証する。まず、基本推計の分配データの時点を変更した場合の影響を分析する。次に、日本の多くの先行研究では受益・負担の世代間分配にあたって統計の制約から世帯ベースの統計を用いているが、本書では受益・負担の世代間分配に個人ベースの統計を用いて世代会計の推計を行い、世帯ベースの統計を用いることの妥当性を検証する。さらに、法人税負担の帰着の変更、所得税の累進構造の反映を行った世代会計を推計することにより、個別の負担項目の分配の妥当性を検証する。

第4章では、世代会計がとらえる個人の政府に対する受益・負担は遺産により相殺されるのではないかという批判について定量的に検証を加える。具体的には、民間部門の世代間移転である遺産についての世代別の受益・負担の推計を行い、世代会計の推計結果が民間部門の遺産を考慮しても有効かどうかの検証を行う。

第5章では、本書のもう1つの柱である世代会計の手法の拡張について、財政危機を考慮した世代会計の分析を行う。世代会計においては、政府の異時点間の予算制約が満たされることを前提としており、現在世代には現行の政策（受益・負担の枠組み）が維持される一方、将来世代が先送りされた政

府債務を負担するとの仮定が置かれている。このため、世代会計では、将来世代の負担が過大評価されるとの指摘がある。仮に将来に財政危機が発生したとすると、その時代に生きている現在世代も大きな影響を受けることが想定され、こうした財政危機の可能性を推計に反映させる世代会計の手法の拡張を行う。

具体的には、Hoshi and Ito（2014）の手法を参考に、政府債務残高が民間貯蓄残高を上回る時点で財政危機が発生すると仮定し、財政危機の発生時期を推計する。次に、財政危機の発生から一定期間に政府がインフレもしくは財政再建策により対応すると仮定し、世代会計を用いてそれぞれのケースで世代別の負担にどのような影響を与えるかを分析する。

ギリシャの財政危機でみられるように、財政危機が発生するとその時代に生きている世代が重い負担を負うこととなるが、その現実を世代会計でとらえることが、世代間の負担について有益な情報を提供することにつながる。

補章においては、第5章の財政危機を考慮した世代会計の分析のベースとして用いたHoshi and Ito（2014）の財政危機の時期の推計について、多様な貯蓄の推計による頑健性の検証を行う。異なるデータや手法を用いた推計や就業率や企業貯蓄などの前提を変化させた推計により、家計貯蓄率や財政危機の時期にどのような影響があるか分析するとともに、改善された手法を用いて財政危機の時期の推計を行う。また、財政危機を回避もしくは遅らせるための政策についても考察する。

終章では、各章の分析によって得られた結論をまとめ、望ましい世代間の受益・負担を実現するための政策のあり方について考察する。

注

1)　本書における「世代」の定義については、今後生まれてくる世代を「将来世代」、現在生きている世代を「現在世代」とする。また、「現在世代」のうち、高齢者を中心とする世代を「高齢世代」、若者を中心とする世代を「若年世代」とする。

第**1**章

世代会計の手法面の展開と類型

1 はじめに

　世代間公平の問題を議論する際には、世代間格差を定量的に評価し、可視化する世代会計の活用が期待される。しかしながら、世代会計については、手法面の理解が不十分なまま、世代間格差の大きさを示す数字のみに注目が集まる傾向がある。

　世代会計が世代間格差についての正確でわかりやすい情報を伝える役割を果たすためには、推計結果の数字の意味や世代会計のメリットや限界を含めた手法面の理解を共有することが不可欠となる。これまで、世代会計による世代間格差の推計結果をまとめた先行研究のサーベイはみられるが、世代会計の手法面を中心として整理したサーベイは少ない。このため、世代会計の手法面を中心として、先行研究を類型化し整理する本章の意義があると考えられる。

　また、Auerbach, Gokhale and Kotlikoff（1991）が提唱した世代会計（以下、コトリコフの世代会計）への批判を整理し、その後の研究における世代会計への批判に対応した手法の拡張を類型化して整理することにより、世代会計の手法の有効性と拡張について検証する。

2 コトリコフが提唱した世代会計

　世代会計は、Auerbach, Gokhale and Kotlikoff（1991）により提唱されて以

降、個人の政府に対する受益と負担の世代間格差を分析する有益なツールとして活用され、多くの研究事例がある。ここでは、コトリコフの世代会計の手法・前提およびそれに対する主な批判について概観する[1]。

2.1 手法の概要

世代会計とは、個人と政府の間の受益・負担を世代別に分配し、現在価値化して集計したものである。世代会計は、将来にわたる政府の収入により、将来にわたる政府の支出の現在価値と政府純債務残高をまかなうという政府の異時点間の予算制約が出発点となる[2]。これを式で表すと、

　　　将来にわたる政府の収入＝将来にわたる政府の支出＋政府純債務残高　(1)

となる。コトリコフの世代会計では、政府の収入は全額個人の負担とみなす一方、政府の支出については、年金・医療のように個人の受益とみなすことができる支出項目（移転支出）と政府消費、政府投資のように個人の受益とみなさない支出項目（非移転支出）の2つに分けて扱うこととしている。これに基づき、(1)式を変形すると、

　　　個人の負担－個人の受益（移転支出）＝非移転支出＋政府純債務残高　(2)

となる。ここで、(2)式の左辺は個人の純負担（負担と受益の差額）を表しており、この純負担は現在世代と将来世代のいずれかによって負担されなければならないことから、(2)式を変形すると、

　　　現在世代の純負担＋将来世代の純負担＝非移転支出＋政府純債務残高　(3)

となる[3]。(3)式は世代会計の基本式であり、政府の異時点間の予算制約において、現在世代および将来世代の純負担の現在価値の合計が、将来の政府の非移転支出の現在価値および政府純債務残高の合計をカバーしなければならないことを示している。なお、異時点間の予算制約式は、将来に向けた現時点からの予算制約を現在価値で表したものであり、現在世代の過去における受益・負担は含まれないことに留意が必要である[4]。

コトリコフの世代会計は、現在世代の残りの生涯において現行の政策を維

第1章　世代会計の手法面の展開と類型　　15

持した場合[5]、先送りされた債務を将来世代全体で負担するとの前提に立ち、将来世代の生涯純負担を推計することで、現在世代と将来世代の世代間格差について定量的に評価するものである。

2.2　前提の置き方

世代会計の推計にあたっては、経済成長率や利子率の前提を置く必要がある。Auerbach, Gokhale and Kotlikoff（1991）においては、経済成長率0.75％、利子率6％を基本ケースとして、経済成長率は0％、1.5％、利子率は2.5％、3％、3.5％、5％、7％の場合の感応度分析の結果を示している。

アゥアバック・コトリコフ・リーブフリッツ（1998）によると、割引率は政府の歳入と歳出に不確実性があるためリスク調整をすべきであり、実質政府短期借入利率を上回る割引率が正当化できるとしている。同時に、「今日までのところ、世代会計は適切なリスク調整についてまだ究極的な手法を確立していないため、複数の割引率を用いて世代会計を推計するのが標準的な方法」と整理している。

こうした考え方の下、Auerbach, Gokhale and Kotlikoff（1991）においては、実際の政府借入金利に近い率である3％を中心とする低い利子率を用いた推計を行い、世代会計の結論が変わらないことを確認している。

このほかの主な推計の前提となるデータとして、人口推計があるが、Auerbach, Gokhale and Kotlikoff（1991）においては、米社会保障局（Social Security Administration）による人口推計を用いている。

2.3　コトリコフの手法に対する批判と反論

コトリコフの世代会計に対して、これまでさまざまな批判が展開されている。以下では、こうした批判やそれに対するコトリコフの反論を概観する。

2.3.1　コトリコフの手法に対する批判

コトリコフの世代会計に対して、Cutler（1993）、Haveman（1994）、Diamond（1996）などにより、①政府消費や政府投資などの便益を考慮していない、②遺産などの利他的な行動や流動性制約を前提とすると意味がな

い、③政府行動の変化に対する家計や企業の反応が考慮されていない、④政府の歳入・歳出の将来推計の前提条件が恣意的である、⑤割引率の置き方に大きな影響を受けるなどの問題点が指摘されている[6]。

　また、コトリコフの世代会計については、⑥過去の受益・負担が算入されておらず比較可能なのは0歳世代と将来世代のみである、⑦現在世代の残りの生涯には現行の政策が維持される一方、将来世代が先送りされた債務を負担するとの非対称な仮定が置かれている、⑧将来世代を1つの世代として扱っており将来世代の純負担は将来世代全体の平均値で示される、⑨生涯純負担額では、経済成長による所得水準の変化が考慮されず各世代の実質的な負担の重さを測れない、といった限界が指摘されている。

　⑥〜⑨の点については、コトリコフの世代会計の性質上の特徴であり、必ずしも問題点と整理することは適切でないが、世代会計の結果を解釈するうえで留意すべき点である。

2.3.2　コトリコフの反論

　Cutler（1993）、Haveman（1994）、Diamond（1996）などによる①〜⑤の批判に対するコトリコフらの反論を概観する[7]。

　まず、①の政府消費や政府投資などの便益を考慮していない理由について、アゥアバック・コトリコフ・リーブフリッツ（1998）は、「こうした政府支出の利益を各世代に帰属させるのは困難だからである」としている。

　②の遺産などの利他的な行動や流動性制約を前提とすると意味がないとする批判については、後世代のことを配慮する家計が存在する下では世代会計は意味を持ちにくいとするCutler（1993）の主張に対してKotlikoff（1997）は、バローの中立命題を否定する研究はすでに非常に多く存在していることなどを示し、世代会計は意味を失うことはないと反論している。また、流動性制約等によりライフサイクル仮説が個人の行動をとらえていないとのCutler（1993）の主張に対し、Kotlikoff（1997）は、政府が約5兆ドルの借入れが可能であること自体、多くの人々が流動性制約を受けていない強い証拠であるとしている。

　③の政府行動の変化に対する家計や企業の反応が考慮されていない点に対

して、Kotlikoff（1997）は、世代会計の推計結果は一般均衡モデルのもとに各世代の効用を比較する研究方法によって得られた結果と大きく違いがないことを挙げ、世代会計の方法と結果は、世代間の真実の負担を近似するのに適切であると主張している。[8]

④の政府の歳入・歳出の将来推計の前提条件が恣意的であるとの指摘に対して、コトリコフはその指摘を認めたうえで、将来推計の方法にはさまざまなアプローチがあってしかるべきであるとしている。

⑤の割引率の想定に大きな影響を受ける点について、Auerbach, Gokhale and Kotlikoff（1994）は、「政府の収支に関して、リスクがないものとみなせば、国債の利子率を用いるのが適当であろう。（中略）単一の割引率を用いるのは適当でなく、異なったリスクに直面したものには異なった割引率を用いるべきであるとの考え方の下、この点は改良すべき点である」ことを認めている。

3　OLG モデル

世代会計においては、前節の③で述べた政府行動の変化に対する家計や企業の反応が考慮されていない部分均衡の枠組みである点が課題となりうる。本節では、一般均衡の枠組みで世代間の効用変化が分析可能である一般均衡型の重複世代モデル（以下、OLG モデル）について概説したうえで、世代会計でも政策分析に有用であることを述べる。

3.1　OLG モデルの概要

OLG モデルは、Samuelson（1958）により世代の概念が定式化された。Samuelson（1958）の OLG モデルでは生産要素は労働だけであったが、生産要素に資本を加える形で Diamond（1965）がモデルを拡張した。その後、勤労世代と退職世代の 2 世代型のみならず、年少期を加えた 3 世代型のモデル、多期間のモデル、連続時間のモデルといったさまざまな拡張が加えられた。なかでも、Auerbach and Kotlikoff（1987）は、その後の多くの研究のベースとなっている代表的な OLG モデルである。

OLG モデルは、家計部門、企業部門などの最適化を導入した一般均衡分析である。家計部門では、家計の効用関数を定式化し、各家計が生涯の効用を最大化するように労働、消費を決定することとなる。企業部門では、企業の生産関数を定式化し、労働と資本の生産要素を利用し、利潤を最大化するように生産量を決定する。こうした家計や企業の行動を前提として、労働市場や財市場において要素価格である賃金や金利、最適となる労働や消費が決定されることとなる。[11]

このため、OLG モデルにおいては、政策の変更が家計や企業の行動に影響を及ぼすこととなる。例えば、政府が所得税率の変更を行う場合、家計の労働供給や企業の資本投入に与える影響についても OLG モデルの枠組みの中で分析可能となる。

OLG モデルは、世代間格差の定量的な把握にとどまらず、長期の経済・財政の分析などに幅広く利用されているが、世代間格差について分析する場合、家計の効用関数で定式化された各世代の生涯にわたる効用を比較することとなる。

OLG モデルによる日本の世代間格差に関する最近の代表的な研究として小黒・島澤（2011）がある。小黒・島澤（2011）は、現在の歳入歳出の構造を前提とした場合、財政は持続可能でなく後世代ほど厚生水準が低下する一方、財政の持続可能性を維持するために増税を行う場合には、財政再建の最中に生涯の大半を送る世代の厚生水準が低くなることを示した。

3.2 世代会計と OLG モデルの比較

世代会計と OLG モデルの主な相違点としては、世代会計が効用ベースではなく金額ベースである点、先送りされた政府債務はすべて将来世代の負担としている点のほか、[12]世代会計が政府行動の変化に対する家計や企業の反応が考慮されていない部分均衡の枠組みである点が挙げられる。

世代会計と OLG モデルの関係を整理すると、世代会計は政府行動の変化が家計や企業の行動変化を通じてマクロ経済に与える影響を考慮していない、OLG モデルを簡略化した枠組みであるととらえることができる。世代会計に期待される役割は、世代間格差をわかりやすく伝えることにあるが、

より精緻な分析である OLG モデルによる推計結果との差異を確認しておくことは有益であると考えられる。

世代会計と OLG モデルの推計結果を定量的に比較した研究として、世代会計と Auerbach and Kotlikoff（1987）で示された OLG モデルによる推計結果を比較した Fehr and Kotlikoff（1996）がある。Fehr and Kotlikoff（1996）においては、政策変更があった場合に OLG モデルで推計される各世代の効用の変化を世代会計でとらえられる直接効果、労働と資本の価格変化による効果、租税回避行動による効果の3つに分解することにより、世代会計でOLGモデルの効用変化のどれだけが説明できるかを計測している。

Fehr and Kotlikoff（1996）は、分析結果について全般的に世代会計は OLG モデルによる効用変化をかなりよく近似していると結論づけている。特に、価格変化による影響が出てくるのには時間がかかるため、将来世代よりも現在世代についてよりよい近似を与えているとしている[13]。さらに、世代会計で説明できない効果は、一般的に世代会計による直接効果を拡大させる方向に働くため、世代会計の推計結果の方向性と一致することを指摘している[14]。

3.3 世代会計の有用性

世代会計の意義は、個人と政府の間のやり取りを集計するという単純な枠組みにより、世代間格差を金額ベースでわかりやすく伝えることにある。一方、世代会計の課題としては、政府行動の変化が家計や企業の行動変化を通じてマクロ経済に与える影響を考慮していない点がある。

世代会計の有用性が確保されるためには、簡略化した分析の枠組みにおいても、結論の方向性が変わらないことを確認する必要がある。この点については、過去の実証研究において OLG モデルによる推計結果と差が大きくないことが示されているほか、最近の日本の世代会計と OLG モデルの推計により将来世代の負担が非常に大きいという結論が示されており[15]、世代会計がOLG モデルを簡略化した近似として世代間格差の有用な指標となりうると考えられる[16]。

4 世代会計の手法面の展開と類型

コトリコフが提唱した世代会計に対しては、本章2.3.1で概観したとおり、その手法および前提条件についての批判が展開されている。一方、その後の世代会計の研究の中で、コトリコフの世代会計への批判に対応した手法面のさまざまな工夫がみられる。

世代間格差を定量的に評価し可視化するツールとして世代会計を活用するにあたっては、世代会計の手法の正確な理解が重要であり、最近の手法面の展開を踏まえた世代会計の先行研究についての整理を行う。

4.1 手法面の類型

本章2.3.1で概観したとおり、コトリコフの世代会計の手法に対して、⑥過去の受益・負担が算入されておらず、比較可能なのは0歳世代と将来世代のみである、⑦将来世代のみが先送りされた債務を負担する、⑧将来世代の純負担は将来世代全体の平均値で示されるといった限界が指摘されている。本節では、こうした指摘に対応した先行研究における手法面の展開を3つに類型化して整理する。

具体的には、先行研究の類型をコトリコフの手法、過去の受益・負担を含めた手法、財政の持続可能性を考慮した手法、将来世代を細分化した手法の4つに分類し、それぞれの手法の概要、メリットと問題点、応用分析の類型を概観する。

4.1.1 コトリコフの手法

以下では、基本となるコトリコフの手法について概観する。コトリコフの手法は、現在世代の残りの生涯において現行の政策が維持され、先送りされた債務は将来世代全体で負担するとの仮定の下、現在世代（0歳世代）と将来世代の世代間格差を分析するものである。

メリットとしては、標準的な手法であり、海外を含む多くの先行研究と比較可能である点および毎年度推計による世代間格差の経年変化の分析がしや

すいという点が挙げられる。[17] 一方、問題点としては、過去の受益・負担が含まれないため、現在世代のうち高齢世代と若年世代の世代間の比較が不可能である、残された債務は将来世代のみが負担する前提となっているため将来世代の負担が過重に推計される、将来世代の純負担が将来世代全体の平均値で示されるため将来世代の特定世代の受益・負担が明示されないといった点が挙げられる。

世代会計は、現行の政策を維持した場合の世代間格差の分析に役立てることができるほか、政策の変更が各世代の受益と負担に与える影響を分析するツールとしても活用できる。[18] 応用分析の類型としては、政策変更を仮定して現在世代が残りの生涯に直面する受益と負担を変化させて行うシミュレーション[19]、0歳世代と将来世代の世代間公平を確保するため現時点で必要な政策変更を示すシミュレーションがある。[20]

前者のシミュレーションでは、将来の特定時点から税率変更や歳出削減を実施した場合、現在世代と将来世代の純負担にどのような影響を与えるかの政策分析に活用できる。税率変更や歳出削減の政策変更は、計算上まず現在世代の受益・負担に反映され、その結果先送りされる債務の増減を通じて、将来世代の純負担に影響することとなる。

後者のシミュレーションでは、世代間公平確保のためにどれだけの税率変更や歳出削減が必要かを示すことができる。[21] このシミュレーションにおいては、世代間公平確保のための政策手段（どの税目を増税するか、どの歳出項目を削減するかなど）の仮定を置く必要がある。[22]

ただ、政府債務残高や現在の PB の赤字幅が大きい場合には、世代間公平確保のために相当厳しい増税や歳出削減が必要との結果が示されることとなり、現実的な政策オプションというより、世代間公平確保に向けて「待ったなし」の厳しい状況を示すことに意義があると考えられる。

4.1.2 過去の受益・負担を含めた手法

以下では、本章 2.3.1 のコトリコフの世代会計の手法に対する、⑥過去の受益・負担が算入されておらず比較可能なのは 0 歳世代と将来世代のみであるとの指摘への対応である過去の受益・負担を含めた手法について概観する。

この手法は、コトリコフの手法で推計される現在世代の残りの生涯におけ
る受益・負担に、現在世代の各世代の過去の受益・負担を加えることにより、
現在世代に属する世代間の格差について、分析可能としたものである。世代
会計の推計上、過去の受益・負担の推計は、政府の異時点間の予算制約式に
は影響せず、コトリコフの手法で計算された各世代の受益・負担の推計結果
に、現在価値化した過去分の受益・負担を加算して表示することとなる。

メリットは、現在世代に属する世代間の比較が可能となる点である。問題
点は、過去分の推計にあたり、人々の寿命分（80～100年の仮定を置くこと
が多い）の年数を遡る必要があるため、データ制約や手間がかかることが挙
げられる[23]。

過去の受益・負担は、すでに実現しており、将来の政策的な判断に影響を
与えないため、算入しないことを正当化とする考え方もある。しかしなが
ら、現在世代に属する各世代の生涯にわたる受益・負担を比較可能とし、世
代間公平の確保に向けた政策に理解を求める観点からは、過去分を含めた生
涯にわたる受益・負担を示すことに意義があると考えられる[24]。

応用分析の類型としては、コトリコフの手法と同様、政策変更により現在
世代が残りの生涯に直面する受益と負担を変化させて行うシミュレーショ
ン[25]、0歳世代と将来世代の世代間公平を確保するため現時点で必要な政策変
更を示すシミュレーションがある[26]。

4.1.3　財政の持続可能性を考慮した手法

以下では、本章2.3.1のコトリコフの世代会計の手法に対する、⑦現在世
代の残りの生涯には現行の政策が維持される一方で、将来世代が先送りされ
た債務を負担するとの非対称な仮定が置かれているとの指摘への対応となり
うる財政の持続可能性を考慮した手法について概観する。

この手法は、財政の持続可能性を確保する観点から、遠い将来の特定時点
における政府債務残高を一定水準以下にするための債務残高や財政収支等の
将来シナリオを仮定し、世代会計を推計するものである[27]。世代会計の推計
上、現時点もしくは近い将来時点からの収支改善のための政策が実施される
ことを仮定するため、将来世代のみならず現在世代の負担増につながること

となる。

　メリットは、将来世代のみが残された債務を返済するという非対称な仮定を修正し、財政の持続可能性を確保するためには、現在世代も負担を負うことを示したことにある。また、現在世代の中でも、残された生涯が長い若年世代ほど増税や歳出削減の影響を強く受けることとなり、コトリコフの手法ではとらえきれなかった政府債務残高累増が高齢世代よりも若年世代に大きな負担を強いることを示すことができるメリットがある。

　問題点としては、「財政の持続可能性を確保する」という前提を人々に理解してもらうことが容易ではないことがある。また、財政の持続可能性を確保するために政府債務残高をどの時点でどの水準以下にすると仮定するか、収支改善のためにどの税を増税するか、どの歳出を削減するかを仮定する必要があり、説得力のある仮定を置くことが難しい。さらに、現在の政府債務残高やPB赤字幅が大きい場合には、実現可能性の低い相当厳しい増税や歳出削減が必要との結果が示されることとなる。

　応用分析としては、特定時点での債務残高等の将来シナリオを変えた場合に、現在世代の各世代および将来世代の受益と負担にどのような影響を与えるかの分析が可能である。

4.1.4　将来世代を細分化した手法

　以下では、過去の受益・負担の考慮、財政の持続可能性の考慮に加えて、本章2.3.1のコトリコフの世代会計の手法に対する、⑧将来世代の純負担は平均値で示されるとの指摘への対応となりうるにおける将来世代を細分化した手法について概観する。[28)29)]

　この手法は、将来世代を細分化し、債務残高や財政収支等の将来シナリオの仮定の下で、[30)] 将来世代の中の各世代の受益と負担についても分析可能としたものである。推計方法の観点からみると、近い将来世代を細分化することで、現在世代と同様の方法で細分化された各世代の受益・負担を推計する一方、[31)] 先送りされた債務は、遠い将来世代が負担すると仮定することになる。[32)]

　メリットは、将来の特定世代の受益・負担の分析が可能となることである。すなわち、細分化された将来の各世代の受益・負担を推計することによ

り、将来世代全体を一括りに定義するのではなく、現在世代の人々の関心が
強い近い将来世代への影響を明示的に示すことが可能となる[33]。

　問題点としては、経済や財政に関して超長期にわたる前提を置く必要があ
ることが挙げられる。コトリコフの手法でも、100年あまりの経済や財政に
関する前提が必要となるが[34]、将来世代を細分化する手法の場合、さらに長期
の経済前提が必要となるほか[35]、債務残高や財政収支等の何らかの将来シナリ
オの仮定が必要となる。

　応用分析としては、特定時点での債務残高等の将来シナリオを変えた場合
に、現在世代および将来世代に属する各世代の受益と負担にどのような影響
を与えるかの分析が可能である。

4.2　その他の手法面の工夫

　コトリコフの手法の限界に対応した本章4.1で示した3類型の拡張手法以
外にも、これまで付加的な分析をともなう研究がなされている。以下では、
こうした先行研究をサーベイする。

4.2.1　時系列評価による政策評価

　宮里（2009, 2011）では、過去に遡って時系列的に推計を行うことで、世
代間格差の改善・悪化が景気などによる一時的なものか、恒常的なものかど
うかについて検証を加えている[36]。さらに、時系列的な分析を行うことで、実
施されてきた政策が世代間再分配政策の効果について検証することが可能と
なる[37]。宮里（2009, 2011）は、過去のデータについて時系列的な分析を行う
ことで、世代会計を過去の政策評価に活用する意義を示した研究事例といえ
る。

4.2.2　セグメント別の推計

　世代会計は、世代に属する人々を一括りにして、各世代の政府に対する受
益と負担の平均値を推計している。総務省『全国消費実態調査』個票等から
計算される世帯類型別の受益と負担をみると、同一世代に属する家計であっ
ても、世帯類型によって大きな違いがみられる。世代会計は、あくまで各世

代の平均値による世代間格差の比較であることに留意が必要である。

この点についての改善策として、各世代に属する人々をその属性によりセグメントに分類し、世代会計を推計することが考えられる。例えば、増島・島澤・田中・杉下・山本（2010）では、所得階層・居住地ごとに世代会計を推計し、政府を通じた受益・負担を世代間のみならず、世代内の所得階層あるいは居住地の違いによってどの程度異なるかを分析している。また、鈴木（1999）では、公表されている諸統計を活用して男女別の世代会計の推計を行っている[38]。

セグメント別の推計は、世代別の平均値にとどまらない分析を可能とするものであり、特に所得階層ごとの推計は、世代内の格差に配慮しつつ世代間公平を確保する観点から、意義深い研究であると考えられる。ただ、個人の受益・負担に算入される政府の支出・収入の各項目を年齢階層に加えて所得階層などのセグメント別に分配する必要があり、データの制約・信頼性が今後の課題となりうると考えられる。

4.2.3　物価上昇率を考慮した分析

島澤（2011）においては、インフレにともなう通貨発行益（シニョリッジ）を国民から政府への所得移転とした世代会計を推計するなど、インフレ・デフレを考慮した世代会計を推計するとともに、マイルドなインフレ（2%）が実現したケースについてのシミュレーションを行っている[39]。これは、世代会計の推計は実質タームで計算されるものの、インフレによる通貨発行益は実質的な課税に等しいという考え方に基づくものである[40]。

4.2.4　サステイナビリティ・ギャップの活用

サステイナビリティ・ギャップとは[41]、現在世代・将来世代ともに現行の政策が維持されるとの仮定の下、最終的な財政不足額の割引現在価値（サステイナビリティ・ギャップ）を推計することで、財政の持続可能性を分析する指標である[42]。

Bonin（2001）においては、コトリコフの手法を「Residual Approach」、サステイナビリティ・ギャップによる分析を「Sustainability Approach」として、

サステイナビリティ・ギャップをコトリコフの手法と対峙する手法と位置づ
けて整理しているが、サステイナビリティ・ギャップの財政不足額を将来世
代のみが追加負担すると仮定して個人ベースに置き直したものがコトリコフ
の手法である。このため、サステイナビリティ・ギャップを用いた手法は、
コトリコフの手法と親和性が高いものであり、推計結果の表示にあたり、世
代間格差に重点を置くか財政の持続可能性に重点を置くかの違いであると位
置づけられる[43]。

　サステイナビリティ・ギャップは、コトリコフの手法の副産物として算出
可能であり、麻生・吉田（1996）、吉田（2006）、島澤（2007）をはじめとす
る多くの先行研究において、現在世代と将来世代の純負担に加えて、サステ
イナビリティ・ギャップを計算して表示している。

　なお、現在から将来にわたる GDP の合計（割引現在価値）に対するサステ
イナビリティ・ギャップの比率を計算することで、将来にわたる財政の持続
可能性の確保に必要な毎年の PB 改善幅の対 GDP 比を明示することが可能と
なる[44]。

5　先行研究の前提の置き方

　世代会計の推計は、前提の置き方により影響を受けるため、現実的で説明
可能な前提を置くことが極めて重要である。以下では、前提の置き方を中心
に主な先行研究をサーベイする（表 1.1 参照）。

5.1　先行研究の概要

　表 1.1 における各研究の特徴を概観する。Auerbach, Gokhale and Kotlikoff
（1991）は、コトリコフらによる最初の世代会計の推計である。麻生・吉田
（1996）は初期の代表的な日本の世代会計の推計である。内閣府（2005）は
『経済財政白書』における日本の世代会計の推計である[45]。吉田（2006）は、17
か国による国際比較プロジェクトである Auerbach, Kotlikoff and Leibfritz
（1999）と同様の手法・前提による日本の世代会計の推計である。島澤
（2007）、宮里（2009）、増島・田中（2010a）、佐藤（2011）は、それぞれ日本

の主な世代会計の研究者による比較的最近の日本の世代会計の推計である。[46]

5.2　先行研究の前提の置き方

　以下では、世代会計の前提の置き方を中心に、主な先行研究についてサーベイする。

5.2.1　世帯・個人

　コトリコフの世代会計をはじめとする海外の研究では、個人ベースのデータによる分析が行われている。一方、日本では受益・負担の各項目を世代別に分配するときに用いる総務省『全国消費実態調査』等の統計が、世帯ベースが中心であるという制約があるため、日本の先行研究においては、世帯ベースの世代会計もしくは個人ベースの世代会計ではあっても世帯データにより受益・負担を各世代に分配している研究が多い。[47][48]

5.2.2　受益への算入項目

　コトリコフの推計では、政府消費、政府投資および教育費は非移転支出として個人の受益に算入されておらず、[49]その後の国際比較プロジェクトであるAuerbach, Kotlikoff and Leibfritz（1999）等の研究では教育費を受益に算入するケースの試算もあわせて行われている。[50]

　日本の先行研究では、国際比較プロジェクトに倣い、教育費を受益に算入するケースもあわせて示す推計があるほか、経済企画庁（1995）においては、本章 2.3.1 で示したコトリコフの手法に対する①政府消費や政府投資などの便益を考慮していないとの批判に対応して、政府消費、政府投資を含むすべての支出項目を受益に算入して推計を行っている。[51]

　教育費については、米国の統計では教育費が移転支出に分類されていないため、当初受益に算入されなかった。日本の『国民経済計算』（以下、SNA）統計では、教育費の大部分は医療・介護の現物給付とともに「現物社会移転」に含まれており、医療・介護の現物給付が受益に算入されていることとの整合性の観点からは、教育費を受益に含める妥当性があると考えられる。また、教育費を受益に算入する場合、親世代の受益とするか子世代の受益とす

表 1.1　主な先行研究の前提等

研究	Auerbach, Gokhale and Kotlikoff (1991)	麻生・吉田 (1996)	内閣府 (2005)
基準年	1989	1992	2003
個人・世帯	個人 （男女別）	世帯	世帯
教育費の受益への算入 △：ケースＢとして試算	×	○ （親世代に算入）	○
政府消費・公共投資の受益への算入	×	○	○
過去の受益・負担の推計	×	×	○
成長率（g）・金利（r）の仮定	g＝0.75％ r＝6.0％	g（1人当たり成長率）＝3.0％ r＝5.0％	【～2012年】 中期展望 【2013年～】 g＝2.0％ r＝4.0％
人口推計	米社会保障局による人口推計	中位推計から世帯数を算出（2090年以降一定）	【～2025年】 世帯数の将来推計 【2026年～】 中位推計から世帯数を算出
世代間格差の指標	「世代間不均衡」	20歳代と比べた将来世代の生涯純負担増加率	生涯純受益 （負担）
感応度分析	成長率・金利人口 （一定）	―	―
政策分析	税制変更 歳出変更	直間比率変更 年金カット 世代間均衡確保	―
基本ケースの推計結果 （「世代間不均衡」）	86.4％（男性） 52.3％（女性）	54.2％ （将来世代と20歳代との比較）	176.2％ （将来世代と20歳代との比較）

吉田 (2006)	島澤 (2007)	宮里 (2009)	増島・田中 (2010a)	佐藤 (2011)
2000	2004	1990〜1998 (時系列的に分析)	2008	2005
個人	個人	世帯	個人	個人
△ (子世代に算入)	△ (子世代に算入)	×	×	×
×	×	×	×	×
×	×	×	○	×
g＝1.5% r＝5.0%	g＝1.5% r＝5.0%	g＝2.0% r＝4.0%	【〜2023 年】中長期試算 【2024 年〜】 g＝生産性上昇率 (1.5％)＋生産年齢人口増加率 r＝g＋2.0%	g＝1.5% r＝5.0%
中位推計 (2100 年以降一定)	中位推計 (2100 年以降一定)	中位推計から世帯数を算出 (2100 年以降一定)	中位推計 (2106 年以降一定)	中位推計 (2100 年以降一定)
「世代間不均衡」	「世代間不均衡」	20 歳代世代を基準に各世代と比較	生涯純負担率	世代間不均衡
成長率・金利人口 (一定)	成長率・金利人口 (高位、低位、一定)	金利人口 (92、97 年基準)	成長率・金利 出生率(高位・低位)	―
世代間均衡確保 財政再建の遅れの影響	増税財政再建の遅れの影響 世代間均衡確保	―	財政の持続可能性確保	世代間均衡確保
591.7%	878.7%	51.7% (将来世代と 20 歳代との比較、1998 年)	240.6%	589.6%

（出典）筆者作成

るかの検討が必要となる。

　前述のとおり、政府消費、政府投資については、コトリコフはこれらの利益を各世代に帰属させるのは困難であるため、受益に算入していないとしている。実際、政府消費、政府投資を受益に算入している先行研究では、政府消費、政府投資からの受益を人口・世帯数に応じて各世代に均等に分配しており[52]、合理的・論理的な方法で政府消費、政府投資を各世代に分配している先行研究はほとんどないと考えられる。

　政府消費、政府投資を受益に算入しない理由として、各世代への合理的な分配が困難であるほか、個人の予算制約に直接影響を与えないためとする考え方もある[53]。一方、政府消費、政府投資を受益に含めない場合、ほとんどの世代において世代会計の推計結果が負担超となり、負担に見合う受益を受けていないとの誤解を招くおそれがある。

　受益項目に何を含めるかは、世代会計推計の1つの大きな論点であり、いずれのアプローチをとる場合でも、推計結果とともに、受益項目に何が含まれ、「純負担」が何を意味するのかを明確にする必要があると考えられる。

5.2.3　成長率・金利

　本章 2.3.1 にあるように、コトリコフの手法に対しては、割引率の想定に大きな影響を受ける問題点（⑤）が指摘されている。世代会計の推計結果は、成長率・金利の前提に大きく左右されるため、成長率・金利の置き方が重要なポイントとなる。Auerbach, Gokhale and Kotlikoff（1991）では、成長率 0.75％、金利 6％を基本ケースとしていたが、その後の国際比較プロジェクトでは成長率 1.5％、金利 5％が使用されている[54]。表 1.1 において、成長率 1.5％、金利 5％を基本ケースとしている先行研究は[55]、こうした国際比較プロジェクト等の研究に倣ったものであると考えられる。

　このほか、本章 2.3.1 の政府の歳入・歳出の将来推計の前提条件が恣意的であるとの問題点（④）に対する改善として、中長期試算等の政府の試算と整合性をとった研究や、成長率を労働生産性上昇率と生産年齢人口増加率に分解してより精緻化した研究もある。中長期試算等の政府の試算は一般均衡モデルを用いたものであることから、中長期試算等と整合性をとることで、政

府行動の変化に対する家計や企業の反応が考慮されていない問題点（③）への対応となりうる。

例えば、増島・島澤・村上（2009）、増島・田中（2010a）においては、近い将来の経済成長率と金利は政府の試算に合わせ、それ以降は、生産年齢人口増加率と労働生産性上昇率の和を経済成長率とし、金利と経済成長率の差を一定としている[56]。これにより、少子高齢化が進む人口動態が、経済成長率、金利の想定に反映されることとなる。

長期にわたる適切な成長率や金利の設定は困難であるため、多くの研究では基本ケース以外に成長率・金利の設定を変更した試算を行う感応度分析を行っている。いずれにしても、世代会計は財政の超長期の推計という一面もあるため、成長率・金利について、合理的な前提を置くことが重要である[57]。

5.2.4　人口推計

日本の個人ベースの世代会計の推計では、社会保障・人口問題研究所『日本の将来推計人口』の中位推計（出生中位、死亡中位）を使用するケースがほとんどであり、世帯ベースの推計でも世帯数の算出にあたり社会保障・人口問題研究所『日本の世帯数の将来推計』中位推計を活用することが一般的である。また、一部の研究では、中位推計を用いた基本ケースに加えて、高位推計・低位推計を用いた推計をあわせて行っている。

5.2.5　社会保障

コトリコフの世代会計においては、すでに決定されている政策は推計に反映させることとされており、日本における近年の先行研究の多くは2004年の年金改革等のすでに決定された政策を推計に反映させている。

現実の推計にあたっては、社会保障に限らず、どこまでを決定された政策とみて推計に反映させるか、どのような形で定量化して反映させるかなどが論点となりうる。また、個人の受益の大宗を占める社会保障について、どこまで精緻に推計に組み込むかという課題もある。

5.2.6　世代間格差の指標

　世代会計の推計結果として定量化される世代間格差をどのような数値を用いて指標化するかも重要である。コトリコフの研究や国際比較プロジェクトでは、現在世代と将来世代の間の格差を表す指標として、0歳世代に対する将来世代の生涯純負担の増加率である「世代間不均衡」という指標を用いており、日本でもこれに倣った研究が多い。

　問題点として本章 2.3.1 で示したとおり、純負担額では経済成長による所得水準の変化が考慮されず、各世代の実質的な負担の重さを測れないといった点（⑨）が指摘されている。また、「世代間不均衡」を0歳世代に対する将来世代の純負担額の増加率で示すことについては、基準となる0歳世代の純負担額が小さくなると、「世代間不均衡」は大きくなるという問題がある。

　例えば、国際比較プロジェクトにおける教育費を算入しないケースと教育費を算入するケースを比較すると、教育費を算入するケースでは0歳世代も将来世代も同様に受益額が増加することとなり純負担額の差はほとんど変わらないが、分母・分子ともに純負担額が減少することとなるため「世代間不均衡」は大きくなるという問題点がある[58]。

　こうした問題点への対応として、純負担の額ベースによる比較ではなく経済成長による所得の伸びを勘案して生涯所得に対する純負担の比率を示す「生涯純負担率」の指標がある[59]。生涯純負担率については、分母・分子両方に将来・過去の割引率が適用されるため、割引率の設定の影響を軽減できるメリットもある。

5.2.7　感応度分析・政策分析

　成長率・金利等の前提の置き方を変えることで、推計結果の方向性に変化がないかといった推計結果の頑健性をみる感応度分析は多くの研究で行われている。こうした感応度分析は、本章 2.3.1 で示した政府の歳入・歳出の将来推計の前提条件が恣意的であるとの問題点（④）および割引率の想定に大きな影響を受ける問題点（⑤）への対応の1つであると位置づけることができる。先行研究では、感応度分析として、成長率・金利のほか、人口推計等に

ついても前提を変えた分析が行われている[60]。

　また、感応度分析とは視点が異なるが、将来の人口構成が変わらないとした場合の推計と比較することで、世代間不均衡の推計結果のうち少子高齢化の要因がどの程度かを評価する要因分析も可能である[61]。少子高齢化の要因分析のほか、現行の政府純債務残高をゼロと仮定して試算したケースと比較した政府純債務残高の影響の要因分析もある[62]。

　感応度分析、要因分析および本章4.1で述べた現在世代が残りの生涯に直面する受益と負担を変化させて行うシミュレーションによる政策分析の推計上のプロセスは同一であり、目的に応じてこうした分析を行うことで、推計に付加価値を加えることが可能である。

5.3　先行研究における推計結果

　本章は、世代会計の推計結果の数字の意味や世代会計の限界を含めた手法面の理解を共有することが不可欠との観点から、手法面を中心として整理する目的を持っている。このため、先行研究の推計結果の数字自体を比較することが主眼ではないが、手法の選択や前提の置き方が推計結果に与える影響を分析する参考とするため、表1.1において各先行研究の「世代間不均衡」の値を示した。各先行研究の基準時点の違いもあるが、各研究の推計結果である「世代間不均衡」の差はかなり大きく、手法の選択や前提の置き方を理解したうえで推計結果を解釈することの重要性が示されたといえよう。

6　世代会計の手法の問題点と改善の方向性

　コトリコフの世代会計に対しては、その手法や前提の置き方に対するさまざまな批判があるが、本章でみてきたとおり、その後の研究において、こうした批判に対応した手法面の展開がみられる。

　世代会計の手法や前提について理解したうえで、世代会計の手法や前提の置き方を適切に選択することにより、世代間公平について正確でわかりやすい情報を伝える世代会計の有効性は確保されると考えられる。最後に、世代会計の今後の方向性について、若干の考察を加える。

6.1 毎年度の試算

宮里（2009, 2011）では、過去に遡って時系列的に世代会計の推計を行うことで、世代間格差の改善・悪化が景気等による一時的なものか、恒常的なものかについて検証を行い、その意義を確認している。同様に、定期的に世代会計の推計を行うことにより、毎年度の政策変更が世代間公平に与える影響についての政策評価に活用することも可能であろう。

なお、世代会計では基準時点の政府収入・支出を将来に向けて延伸することになるため、世代会計の推計結果の変化が、政策変更の影響か足元のマクロデータの影響かといった要因分析をあわせて行うことも重要である。

6.2 国際比較

世代会計は、Auerbach, Kotlikoff and Leibfritz（1999）の国際比較プロジェクトが実施されて以来、国際的な比較は行われていない。欧州財政危機を受けて、各国財政の持続可能性に注目が集まるなか、世代会計の国際比較を行うことは、世代間格差の状況をわかりやすく伝える観点からも有意義であると考えられる。

今後、国際比較が行われる場合、1999年の国際比較プロジェクトの手法や前提（例えば、成長率1.5%、金利5%）とは異なる手法や前提で比較されることも考えられ、日本を含めた世代会計の研究の進展を踏まえて議論していくことが重要である。

6.3 財政危機の可能性の考慮

コトリコフの世代会計においては、政府の異時点間の予算制約が満たされることを前提とし、現在世代の残りの生涯には現行の政策が維持される一方、将来世代が先送りされた債務を負担するとの非対称的な仮定が置かれている。

しかしながら、仮に債務の先送りを続け、将来のどこかの時点で財政危機が起こるような場合には、金利の急上昇や経済の混乱を通じて、その時点で生きている現在世代の受益・負担にも影響することとなる。このため、将来の財政危機の可能性を考慮に入れた世代会計の推計を行い、債務の先送りが

現在世代にも悪影響を与える可能性があることを示すことは、世代間格差に関する正確でわかりやすい情報を伝えるうえで有益であると考えられる。[63)]

　将来世代のみが先送りされた債務を負担するという指摘への対応としては、本章において財政の持続可能性を考慮した手法を概観した。財政の持続可能性を考慮した世代会計の先行研究は、遠い将来の特定時点における政府債務残高を一定水準以下にするために必要な収支改善幅を前提として、世代会計の推計を行うものであるが、「財政の持続可能性を確保する」という前提を人々に理解してもらうことは容易ではない。

　財政危機の可能性を考慮した世代会計の推計を行う場合においても、財政危機に対応したインフレもしくは財政再建策を仮定して世代会計を推計することにより、財政危機が各世代の負担にどのような影響を与えるかを示すことが考えられる。例えば、財政危機後の特定時点における政府債務残高を一定水準以下とするために必要な政策対応を前提とした世代会計の推計は、財政の持続可能性を確保するための分析手法と共通するものである。

　財政危機の可能性を考慮した世代会計の意義は、財政危機の発生を明示的に考慮した世代会計を推計することにより、財政危機の発生時期に生きている特定の世代への影響を示すことにある。世代会計に期待される役割の1つは、世代間格差に関するわかりやすい情報を伝えることであり、財政の持続可能性を確保するために必要と想定される各世代の負担に代えて、財政危機が実際に発生したときの各世代の負担を示すことが重要であると考えられる。

7　おわりに

　本章では、コトリコフの世代会計の手法および前提条件についての批判と反論をまとめ、その後の研究における世代会計への批判に対応した手法面の拡張を類型化して整理することにより、世代会計の手法の有効性と拡張について論じた。

　コトリコフの世代会計に対しては、過去の受益・負担が算入されておらず比較可能なのは0歳世代と将来世代のみである、将来世代のみが先送りされた債務を負担するとの非対称な仮定が置かれている、将来世代の純負担は将

来世代全体の平均値で示されるといった限界が指摘されている。

　その後の先行研究では、こうした指摘に対応した手法の拡張が行われてきている。本章では、コトリコフ以降の世代会計の手法の拡張について、過去の受益・負担を含めた手法、財政の持続可能性を考慮した手法、将来世代を細分化した手法の3類型にまとめて整理した。3類型として示した手法の拡張に加え、前提の置き方や世代間格差の表示方法についても、先行研究においてさまざまな工夫がみられる。

　過去の受益・負担を含めた手法では、0歳世代と将来世代のみならず、現在世代に属する各世代間の比較が可能となる。財政の持続可能性を考慮した手法では、将来世代のみが残された債務を返済するという非対称な仮定を修正し、若年世代を中心に現在世代も負担を負うことを示した。

　将来世代を細分化した手法のメリットは、将来世代全体を一括りに定義するのではなく、現在世代の人々の関心が強いと考えられる近い将来世代の負担を可視化することにある。これにより、高齢世代が将来世代の利益を十分に考慮して政策を選択することとなれば、シルバー民主主義の問題を緩和することにつながると考えられる。

　コトリコフの世代会計に対しては、その手法や前提の置き方に対するさまざまな批判があるが、その後の研究において、こうした批判に対応した手法面の展開がみられるところである。世代会計の手法や前提の置き方を適切に選択することにより、世代間格差について正確でわかりやすい情報を伝える世代会計の有効性は確保されると考えられる。

注

1)　Auerbach, Gokhale and Kotlikoff（1991）が提唱した世代会計（以下、コトリコフの世代会計）の手法の詳細については、アゥアバック・コトリコフ・リーブフリッツ（1998）、吉田（2006）、増島・島澤・村上（2009）、増島・田中（2010a）に詳しい。

2)　世代会計の推計では、政府の異時点間の予算制約式において、政府の負債から金融資産を控除した「政府純債務残高」を使うことが一般的である。

3)　Auerbach, Gokhale and Kotlikoff（1991）における数式は、「現在世代の純負担＋将来世代の純負担＋政府純資産残高＝政府の非移転支出」となっているが、現在日本を含

む多くの国で政府の負債が金融資産を上回る状況であることに鑑み、わかりやすさの観点から「政府純資産残高」を右辺に移項して「政府純債務残高」とした。

4) コトリコフの世代会計では、現在世代の過去分の受益・負担を含まないため、0歳世代と将来世代の比較のみが意味を持つこととなる。

5) 世代会計では、すでに決定されている政策変更は推計に反映させることが基本となる。

6) 増島・田中（2010a）参照。

7) コトリコフの世代会計に対する批判およびそれに対する反論は、吉田（2006）、宮里（2009）において詳細にまとめられている。

8) さらにKotlikoff（1997）は、「すべての政治家、マスコミ、大衆に動学的一般均衡モデルによる推計結果を理解させることは現実的ではないので、世代会計によって政策の世代間の影響を伝えることとした」としており、世代会計の理解しやすさのメリットを認めている。

9) 2期間モデルの場合、一般的には$U=U(C_1)+\beta U(C_2)$で与えられる加法分離型の効用関数が用いられる。

10) 先行研究においては、コブ＝ダグラス型の生産関数のほか、CES型の生産関数などが用いられている。

11) OLGモデルの詳細については、木立（2009）、小黒・島澤（2011）に詳しい。

12) 先送りされた政府債務はすべて将来世代の負担としている点を修正し、将来世代を一括りではなく生年ごとに分析した研究として、増島・田中（2010b）がある（本章4.1.4参照）。

13) Fehr and Kotlikoff（1996）においては、さまざまな政策変更のケースを仮定して効用変化の要因を分析している。例えば、20%の所得増税により政府支出を拡大するケースでは、全体の効用変化のうち世代会計で説明できる割合が、最高齢世代（54歳）は91%、30歳世代は98%、0歳世代は78%、遠い将来世代は67%であることを示している。

14) 例えば、公債発行により現在世代の消費を増加させる政策を実施する場合、家計貯蓄の減少により利子率が上昇し資本蓄積の減少につながり、さらに現在世代と将来世代の格差を拡大することとなる。

15) 日本についての実証研究で、世代会計とOLGモデルの違いの定量的な分析はほとんどみられない。前述の小黒・島澤（2011）のOLGモデルの分析において、現在の歳入歳出構造を維持した場合に後に生まれた世代ほど生涯純負担率が高くなるという推計結果は、最近の日本の世代会計の先行研究が示す将来世代の生涯純負担が現在世代と比べて大きくなるという結論と整合的であると考えられる。

16) 一般均衡型のOLGモデルの代表的研究であるAuerbach and Kotlikoff（1987）が発表された後に、Auerbach, Gokhale and Kotlikoff（1991）により世代会計が発表され、コトリコフらによって世代会計の有用性が論じられている。このことは、コトリコフが世代間格差の性格でわかりやすい指標として世代会計の意義を認めていた証左

であると考えられる。

17) 他の手法（後述の財政の持続可能性確保を考慮した手法、将来世代を細分化した手法）でも、経年比較は可能であるが、現在世代の残りの生涯において現行の政策が維持されるシンプルな仮定を置いているため、政策変更の世代間公平に与える影響を分析しやすい特徴がある。

18) 前述のとおり、コトリコフの手法では、過去の受益・負担が推計に含まれないため、現在世代に属する各世代の受益・負担水準の比較はできないが、政策変更が現在世代に属する各世代の受益・負担をどのように変化させるかについては分析可能である。

19) 例えば、Auerbach, Gokhale and Kotlikoff（1991）、吉田（1995）、麻生・吉田（1996）、Takayama, Kitamura and Yoshida（1999）、鈴木（1999）、島澤（2007）。

20) 例えば、吉田（1995, 2006）、麻生・吉田（1996）、島澤（2007）、佐藤（2011）。

21) コトリコフは、0歳世代と将来世代の純負担が等しくなることを「世代間均衡」と定義している。

22) 世代間公平を確保するためにどの政策手段を使うかによって、現在世代内の高齢世代と若年世代の負担が異なる。例えば、所得増税では退職世代は影響を受けないのに対し、消費増税では幅広い世代に影響が及ぶこととなる。

23) 過去のデータの信頼性や連続性の問題のほか、過去の受益・負担を現在価値化するための適当な割引率（実質的には割増率）の選択が難しいという問題もある。

24) 過去の受益・負担を考慮しない場合、仮に高齢世代が受益超となっても過去にその受益に見合う額を負担したはずとの主張につながるため、過去分を含めた生涯の受益・負担を定量的に示す意義があると考えられる。

25) 例えば、増島・田中（2010a）。

26) 例えば、三菱UFJリサーチ＆コンサルティング（2010）。

27) 増島・田中（2010a）は、2105年度の純債務残高対GDP比を基準時点の水準もしくはゼロとするための財政収支の改善幅を計算し、増税で対応する場合の世代会計を推計している。北浦（2014）は、100年後の純債務残高対GDP比を一定水準以下に低下させるために必要な財政収支の改善幅を計算し、2030～2040年度にかけて段階的に増税すると仮定して世代会計を推計している。

28) 増島・田中（2010b）参照。

29) 過去の受益・負担を考慮せず、将来世代を細分化して拡張することも理論的には可能であるが、現在世代に属する各世代との比較ができず、メリットが限定的であると考えられる。

30) 理論的には、債務残高や財政収支等の将来シナリオの仮定を置かず、将来世代を細分化することも可能である。しかしながら、近い将来世代を細分化し、現在世代と同様、現行の政策が維持されると仮定すると、近い将来世代は0歳世代の受益・負担とほぼ同じとなる一方、最終的な債務の負担がさらに遠い将来世代に先送りされる結果となり、分析の意義が乏しいと考えられる。

第 1 章　世代会計の手法面の展開と類型　　39

31)　現在世代の純負担の残差として計算されるのではなく、各世代の生涯分の受益・負担を積み上げて計算されることとなる。

32)　細分化されない遠い将来世代の純負担について計算することは可能であるが、現在世代の人々の関心が強くないと考えられることから、その純負担については表示しないことが一般的である。

33)　吉良（2006）は、現在世代の生存にとって、その社会実践を直接に引き継ぐ「近い将来世代」の存在が不可欠であるとの観点から、配慮義務の正当性を論じている。

34)　正確には、0歳世代の寿命分の前提が必要となる。

35)　細分化する近い将来世代の年数分だけ経済前提を延長する必要がある。

36)　宮里（2009）における1990年代の世代間再分配政策の分析を拡張して、宮里（2011）では1990年代、2000年代の世代間再分配政策について分析を加えている。

37)　佐藤（2013）は、2005年と2010年の日本の世代会計の推計を行い、推計結果を比較することで日本の世代間格差が拡大してきていることを示している。

38)　そもそも Auerbach, Gokhale and Kotlikoff（1991）における世代会計の推計は、男女別である。鈴木（1999）は、日本において、統計データの制約がある中で男女別の推計を行った初めての研究である。

39)　Auerbach, Gokhale and Kotlikoff（1991）においては負担項目に通貨発行益（シニョリッジ）が算入されているが、日本の研究では算入されていないケースがほとんどである。

40)　Shimasawa and Oguro（2016）においても、物価上昇率を考慮した分析が行われている。

41)　「サステイナビリティ・ギャップ」は、「潜在的政府債務」「フィスカル・ギャップ」と呼ばれることもある。

42)　サステイナビリティ・ギャップは、現行の政策を維持した場合、誰も負担せずに残る財政不足額を表しており、値が正であれば持続不可能となり、ゼロであれば持続可能性が確保されることとなる。

43)　佐藤（2005）は、サステイナビリティ・ギャップの意義について、「標準的な世代会計がもつ将来世代の追加負担に関する bias の存在（将来世代の追加負担が過剰に計測されるという問題）を回避したうえで、持続可能な財政政策とするために必要とされる政策変更の大きさを明らかにすることができる」と述べている。

44)　例えば、将来にわたる財政不足額であるサステイナビリティ・ギャップが将来にわたる GDP の合計の1割であると仮定すると、毎年度 GDP の1割分 PB を改善することで、サステイナビリティ・ギャップをゼロ（＝財政の持続可能性確保）にすることが可能となる。Batini, Callegari and Guerreiro（2011）に詳しい。

45)　このほか、白書における推計は、経済企画庁（1995）、内閣府（2001）、内閣府（2003）があるが，ここでは最新の推計を取り上げた。

46)　ここでは、各研究者の比較的最近の推計の中で、前提の置き方等が確認できる研究を取り上げている。

47) 日本の代表的な世帯ベースの世代会計として、経済財政白書の分析がある。経済財政白書では、20 歳未満および今後生まれる世代を「将来世代」と定義し、世代間格差は 20 歳代と「将来世代」を比較している。20 歳未満を将来世代とすることについては、投票権を持たないため社会の意思決定に参画できない世代を将来世代に含めるとの積極的な理由づけも考えられる。

48) 世代会計は個人の生涯の受益・負担を世代別に集計したものであり、世帯主の世代別に集計した世帯ベースという概念は理解しにくい面がある。個人ベースの世代会計において、受益・負担を世代別に分配する際に世帯データを用いる妥当性については第 3 章で検証する。

49) 世代会計の先行研究では、Auerbach, Gokhale and Kotlikoff（1991）に倣い、政府投資を含めて「政府消費」としている場合が多いが、『国民経済計算』（以下、SNA）における政府消費との混同を避けるため、本章では政府消費と政府投資を分けて記述している。

50) 多くの先行研究では、国際比較プロジェクトに倣い、教育費を算入しないケースを「ケース A」、教育費を算入するケースを「ケース B」として、推計結果を表示している。

51) その後の経済財政白書（内閣府 2001, 2003, 2005）においても政府消費および政府投資を受益に算入している。

52) 受益を各世代に分配する結果、各世代の受益が増加し純負担額が小さく推計される結果となる。なお、政府投資については、投資額そのものではなく、公的資本ストックからの固定資本減耗額を毎年の受益としてとらえる考え方もある。

53) 吉田（2008）参照。

54) 本章 2.2、2.3.2 において、コトリコフの「割引率は政府の歳入と歳出に不確実性があるためリスク調整すべき」との金利の設定についての考え方が示されている。

55) 吉田（2006）、島澤（2007）、佐藤（2011）。

56) 金利から成長率を差し引いた金利成長率格差を一定とする想定を置く場合、名目成長率はマイナスになる可能性もあるが、名目成長率は基本的にゼロ以上となる点に注意が必要となる。

57) 世代会計における受益・負担、非移転支出は、基本的に成長率で増加し利子率で割り引かれることとなる。日本の現状を考えると、現在世代の受益・負担構造の PB 赤字分および現在の政府債務残高を将来世代の負担で返済する世代会計の枠組みとなるため、金利成長率格差（＝金利－成長率）が大きければ、遠い将来の負担分が大きく割り引かれることとなり、将来世代の負担が大きくなる。

58) 例えば、教育費を算入しないケースで 0 歳世代の純負担が 100、将来世代の純負担が 200 の場合「世代間不均衡」は 100％となるが、教育費を算入するケースで教育費の受益（50 とする）を控除すると 0 歳世代の純負担が 50、将来世代の純負担が 150 となり「世代間不均衡」は 200％に上昇する。

59) 「生涯純負担率」は、「生涯純税負担率」と呼ばれることもある。

60) 島澤 (2007)、増島・田中 (2010a) など。

61) Auerbach, Gokhale and Kotlikoff (1991)、Auerbach, Kotlikoff and Leibfritz (1999)、吉田 (2006)、島澤 (2007) など。

62) Auerbach, Kotlikoff and Leibfritz (1999) など。

63) 第 5 章において分析する。

第2章

世代会計の基本推計

1 はじめに

　世代間の公平性の議論にあたっては、現行の政策を続けた場合、どれだけ
の世代間格差が生じるかを定量的に確認することが出発点となる。

　世代間格差を定量化するツールとして Auerbach, Gokhale and Kotlikoff（1991）
により提唱された世代会計は、日本においても吉田（1995, 2006, 2008）、麻生・
吉田（1996）、内閣府（2001, 2003, 2005）、島澤（2007, 2011, 2013）、増島・島
澤・村上（2009）、宮里（2009, 2011）、増島・田中（2010a）、佐藤（2011, 2013,
2014）、日高（2012）、Shimasawa, Oguro and Masujima（2014）、北浦（2014）、
Shimasawa and Oguro（2016）等によって推計され、いずれの推計においても、
将来世代と現在世代の間の世代間格差が大きいことが示されている。[1]

　本章では、増島・島澤・村上（2009）、増島・田中（2010a）の手法をベー
スとして、2014年度を基準年度とする世代会計の推計を行い、日本の世代
間格差の現状を確認する。本章の推計は、第3章〜第5章における世代会計
の手法の有効性の検証や拡張のベースとなるものである。

　本章の構成は以下のとおりである。第2節では、コトリコフの世代会計の
手法との違いを中心に本章における手法を概観し、世代会計のモデルを説明
する。第3節では、本章の世代会計の基本推計のデータおよび手法について
説明を加える。第4節では、世代会計の推計結果を示し、2014年度の世代間
格差の現状を確認するとともに、政策評価および頑健性の検証のための推計
を行う。最後の第5節では、本章の推計結果の要点をまとめて締めくくる。

2　世代会計の手法

本章では、増島・島澤・村上（2009）、増島・田中（2010a）の手法をベースとして2014年度基準の世代会計の推計を行う。以下では、コトリコフの世代会計との違いを示したうえで、世代会計のモデルを説明する。

2.1　手法の概要

増島・島澤・村上（2009）、増島・田中（2010a）の世代会計の手法はコトリコフの世代会計を拡張したものであるが、まず両者の違いを概観する。

コトリコフの世代会計については、過去の受益・負担が算入されておらず、比較可能であるのは0歳世代と将来世代のみである、生涯純負担額では経済成長による所得水準の変化が考慮されず実質的な負担の重さを測れないといった問題点が指摘されている[2]。

増島・島澤・村上（2009）、増島・田中（2010a）は、これらの問題点を改善し、過去の受益・負担を反映して現在世代の生涯純負担を推計するとともに、生涯純負担の生涯所得に対する比率である生涯純負担率を世代間格差の指標としている。

2.2　モデル

世代会計は、将来にわたる政府支出と政府純債務残高の合計を将来にわたる政府収入でまかなうという政府の異時点間の予算制約式から導出される[3]。政府の異時点間の予算制約式は次の（1）式で表される。

$$\sum_{s=0}^{\infty} GR_{t_0+s} \prod_{i=t_0}^{s} \left(\frac{1}{1+r_i}\right) = \sum_{s=0}^{\infty} GE_{t_0+s} \prod_{i=t_0}^{s} \left(\frac{1}{1+r_i}\right) + D_{t_0} \tag{1}$$

GR_t　：t年度における政府収入

GE_t　：t年度における政府支出

D_t　：t年度における政府純債務残高

t_0　：基準年度

r_t　　：t 年度における金利

　世代会計では、政府収入（GR_t）はすべて個人の負担とみなす一方、政府支出（GE_t）については、年金・医療など個人の受益とみなすことができる支出項目（GT_t：移転支出）と政府消費・投資など個人の受益とみなさない支出項目（G_t：非移転支出）の 2 つに分けて扱うこととしている。[4] (1) 式の GE_t を GT_t と G_t に分解して変形すると、次の (2) 式が導出される。

$$\sum_{s=0}^{\infty}(GR_{t_0+s}-GT_{t_0+s})\prod_{i=t_0}^{s}\left(\frac{1}{1+r_i}\right)=\sum_{s=0}^{\infty}G_{t_0+s}\prod_{i=t_0}^{s}\left(\frac{1}{1+r_i}\right)+D_{t_0} \qquad (2)$$

　ここで、(2) 式の左辺は個人の純負担（負担と受益の差額）を表しており、この純負担は現在世代と将来世代のいずれかによって負担されなければならないことから、次の (3) 式のとおり変形できる。[5]

$$\sum_{s=0}^{d}N_{t_0,t_0-s}+\sum_{s=1}^{\infty}N_{t_0,t_0+s}=\sum_{s=0}^{\infty}G_{t_0+s}\prod_{i=t_0}^{s}\left(\frac{1}{1+r_i}\right)+D_0 \qquad (3)$$

$N_{t,k}$　：k 年度生まれの人が t 年度以降の生涯に負う純負担額の合計（現在価値ベース）[6]

d　　　：生存年齢の上限[7]

　左辺第 1 項は、t_0 年度以前に生まれた人（現在世代）の t_0 年度以降の純負担の現在価値の合計、左辺第 2 項は t_0+1 年度以降に生まれる人（将来世代）の純負担の現在価値の合計を表す。

　(3) 式は世代会計の基本式であり、政府の異時点間の予算制約において、現在世代および将来世代の純負担の現在価値の合計が、将来の政府の非移転支出の現在価値および政府純債務残高の合計をカバーしなければならないゼロサムの性質を示している。[8]

　(3) 式の左辺第 1 項の現在世代の $N_{t_0,k}$ は、次の (4) 式のとおり計算される。

$$N_{t_0,k} = \sum_{s=t_0}^{t_0+d} \overline{T}_{s,k} \, P_{s,k} \prod_{i=t_0+1}^{s} \left(\frac{1}{1+r_i} \right) \tag{4}$$

$P_{s,k}$ ：k 年度生まれの人の s 年度における人口

$\overline{T}_{s,k}$ ：k 年度生まれの人の s 年度における 1 人当たり純負担額

　(4) 式においては、$\overline{T}_{s,k}$ に世代人口 $P_{s,k}$ を掛けて現在価値化した額を t_0 年度以降の生涯分を合計することで k 年度生まれ世代全体の純負担額 $N_{t_0,k}$ を求めている。$\overline{T}_{s,k}$ は次の (5) 式のとおり計算される。

$$\overline{T}_{s,k} = \sum_i \tau^i_{s,k} \tag{5}$$

$\tau^i_{s,k}$ ：第 i 番目の受益・負担項目についての k 年度生まれの人の s 年度（すなわち s－k 歳時点）における 1 人当たり純負担額[9]

　(5) 式は、k 年度生まれの s 年度における各負担項目の合計から各受益項目の合計を差し引くことで $\overline{T}_{s,k}$ を求めることを意味している[10]。$\tau^i_{s,k}$ については、s 年度における i 番目の受益・負担項目のマクロの総額を全体に占める各世代のウェイトを示す分配データを用いて[11]、各世代 1 人当たりの受益・負担に分配することにより計算する[12]。

　世代会計は、最終的には各世代の 1 人当たり純負担額を比較することで、世代間格差を計測することとなる。このため、k 年度生まれ世代の純負担額の合計である $N_{t_0,k}$ を k 年度生まれ世代人口で割ることにより、1 人当たりの純負担額を求める必要がある。「k 年度生まれ世代人口」の定義は、現在世代については基準年度の人口（$P_{t_0,k}$）、将来世代については生まれた年度の人口（$P_{k,k}$）を用いる[13]。k 年度生まれ世代の t_0 年以降の 1 人当たり純負担額を $n_{t_0,k}$ とすると、次の (6) 式のとおり算出できる[14]。

$$n_{t_0,k} = N_{t_0,k} P_{\max(t_0,k),k} \tag{6}$$

将来世代全体の純負担額については、現在世代の各世代の純負担額が (4)

式から計算されると、(3) 式の左辺第 2 項について解くことで求められる。将来世代全体の純負担額から、将来の各年度生まれの人の生涯純負担額を計算するためには、将来の各世代間の負担方法に何らかの仮定を置く必要がある。Auerbach, Gokhale and Kotlikoff (1991) をはじめとする先行研究では、生まれた年度が 1 年遅れるごとに生涯純負担額が労働生産性上昇率 (g) だけ増加する次の (7) 式の仮定を置いている。[15]

$$n_{t_0,k+1} = g n_{t_0,k} \tag{7}$$

(7) 式の仮定を置くことにより、(3) 式右辺第 2 項の将来世代全体の純負担額から、将来世代の k 年度生まれの 1 人当たり生涯純負担額 ($n_{t_0,k}$) が求められる。(7) 式の仮定については、成長を除いた将来世代の各世代の生涯純負担額が等しいと考えることができる。このため、将来世代の 1 人当たり生涯純負担額は基準年度の翌年度生まれ世代の純負担額 n_{t_0,t_0+1} で代表することで計算できる。[16]

本章の世代会計では、増島・島澤・村上 (2009)、増島・田中 (2010a) に倣い、過去分の受益・負担を反映して現在世代の生涯純負担を推計するとともに、生涯純負担の生涯所得に対する比率である生涯純負担率を世代間格差の指標としている。以下では、これら 2 点の手法の拡張について概説する。

現在世代の過去分の純負担額については、次の (8) 式により計算される。

$$N^p_{t_0,k} = \sum_{s=k}^{t_0-1} \overline{T}_{s,k} P_{s,k} \prod_{i=k}^{t_0-1} (1 + r_i) \tag{8}$$

(8) 式により計算された現在世代の各世代の過去分の純負担額を (4) 式と合計し、k 年度生まれの t_0 年度における人口で割ることで過去分の受益・負担を反映した現在世代の各世代の生涯純負担額が計算される。

(1) 式の政府の異時点間の予算制約式は、基準年度から将来にわたる収支の均衡を表しているため、(8) 式により求められる過去分の純負担額の影響は受けず、将来世代の生涯純負担額に変更はない。現在世代の生涯純負担額は、(4) 式により計算される基準年度以降の純負担額と (8) 式により計算される過去分の純負担額の合計になる。

次に生涯純負担率の導出について概説する。生涯純負担率の計算に必要である生涯所得は、k 年度生まれの 1 人当たり所得額を生まれた年度から寿命まで合計することで求める。k 年度生まれ世代の生涯所得を ly_k とすると、次の（9）式のとおり計算される。

$$ly_k = \sum_{s=k}^{t_0-1} \overline{Y}_{s,k} \prod_{i=k}^{s} (1+r_i) + \sum_{s=t_0}^{k+d} \overline{Y}_{s,k} \prod_{i=t_0}^{s} \left(\frac{1}{1+r_i} \right) \tag{9}$$

$\overline{Y}_{s,k}$ ：k 年度生まれ世代の s 年度の 1 人当たり所得額

（9）式の右辺第 1 項は k 年度生まれ世代の過去分、右辺第 2 項は基準年度以降の 1 人当たり所得を表し、その合計が生涯所得となる。$\overline{Y}_{s,k}$ については、s 年度における国民所得を各世代のウェイトを示す分配データを用いて、各世代の所得に分配することにより計算する。

生涯純負担率は、（4）式と（8）式から計算した生涯純負担額を（9）式から計算した生涯所得で割ることで求める。将来世代の生涯所得については、生涯純負担額と同様、生まれる年度が 1 年遅れるごとに g だけ増加すると仮定する。この仮定を置くことで、将来にわたり生涯純負担額と生涯所得の伸び率（g）が等しくなるため、将来の各世代の生涯純負担率も等しくなる。したがって、将来世代の生涯純負担率は、t_0+1 年度生まれ世代の生涯純負担率（$= n_{t_0,t_0+1} / ly_{t_0+1}$）で代表することが可能となる。

3　本章推計のデータおよび手法

本章では、増島・島澤・村上（2009）、増島・田中（2010a）の手法をベースとして、[17] SNA の 2014 年度確報データを用いて世代会計の推計を行い、日本の世代間格差の現状を確認する。本節では、推計に用いるデータおよび手法について説明を加える。

3.1　データ

本章の世代会計の推計手法を示したのが図 2.1 である。世代会計の推計に

第 2 章　世代会計の基本推計

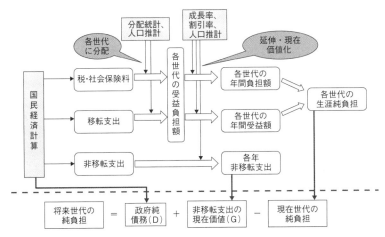

図 2.1　世代会計の推計フロー

(出典) 島澤 (2013) を参考に作成

あたっては、①政府の各収入・支出項目のデータ、②各収入・支出項目を各世代に分配するためのデータ、③その他のデータ(政府純債務残高、金利等)が必要となる。本章の世代会計では、過去分の受益・負担を考慮するため過去のデータも必要となるほか、生涯純負担率の計算に必要となる国民所得のデータが必要となる。

政府の各収入・支出項目のデータについては、SNA からデータを入手する(データ出所は表 2.1 参照)[18]。SNA から入手した政府の収入・支出項目のデータは、世代会計の推計にあたり、移転支出 (GT) と非移転支出 (G) に分解する[19]。教育費については、Auerbach, Gokhale and Kotlikoff (1991)に倣い、非移転支出に分類する。

次に、収入および移転支出の各項目のデータについて[20]、総務省『全国消費実態調査』などの年齢階級別データおよび年齢別人口を用いて各世代に分配することで、1 人当たり純負担額を計算する[21]。各項目の分配データの詳細は表 2.2 のとおりである[22]。

このほか、世代会計の推計に必要となる政府純債務残高、金利、人口のデータの出所の詳細は、表 2.3 に示した[23]。

3.2 将来推計の手法

世代会計の推計にあたっては、基準年度および過去の受益・負担を各世代へ分配するだけでなく、将来の世代別の受益・負担額を反映させることが必要となる。このため、政府の各収入・支出項目の将来推計を行うことが求められる。

各項目の将来推計については、SNA から得られるマクロの総額を経済成長率で延伸する方法と年齢別1人当たりの受益・負担額を計算し労働生産性上昇率で延伸する方法がある[24]。例えば、年金・医療・介護給付については、高齢世代向け1人当たり支出が若年世代向け1人当たり支出に比べて圧倒的に多く、高齢人口増加の影響が支出額に反映できる後者の手法が適当であると考えられる。

一方、税収や公共投資については、年齢構成による影響が比較的少ないと考えられ、総額を経済成長率で延伸する推計に妥当性がある。本章では、年金・医療・介護の保険料および給付については、年齢別1人当たりの受益・負担額を労働生産性上昇率で延伸する手法により推計を行い[25]、その他の項目については総額を経済成長率で延伸する方法で推計を行う[26]。

コトリコフの世代会計では、推計に必要となる成長率・金利について、それぞれ0.75％、6％を基本ケースとして推計している[27]。これに対して、増島・島澤・村上（2009）、増島・田中（2010a）は、近い将来のマクロ経済想定は政府の試算に従い、それ以降については人口動態を反映するように定式化している。

本章の世代会計では、増島・島澤・村上（2009）、増島・田中（2010a）の考え方に倣い、2025年度までは内閣府『中長期の経済財政に関する試算』（平成29年7月18日）（以下、中長期試算）のベースラインケースに従い[28][29]、2026年度以降は労働生産性上昇率1.0％、名目経済成長率＝生産年齢人口増加率＋実質労働生産性上昇率＋物価上昇率（1.0％とする[30]）、金利から経済成長率を差し引いた金利成長率格差2.0％として推計している[31]。

将来にわたる成長率・金利の動きをみると、名目成長率については2030年代後半にかけて生産年齢人口が減少することから、低下傾向で推移し、その後やや持ち直し0％台後半で推移する[32]。名目金利については、中長期試算の

第 2 章　世代会計の基本推計　　51

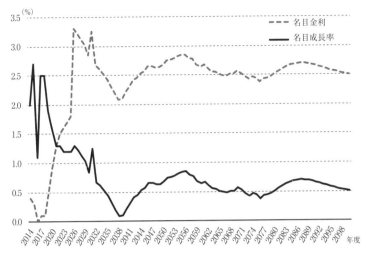

図 2.2　名目成長率・名目金利の推移

(出典) 筆者推計

2025 年度までは上昇が予想されているが、2026 年度以降は成長率に連動した動きとなり、2030 年代後半に約 2％まで低下し、その後 2％台後半で推移する（図 2.2 参照）[33]。

3.3　主な項目の推計手法

各収入・支出項目の将来推計の手法については、本章 3.2 で述べたとおりマクロの総額を経済成長率で延伸する方法と年齢別 1 人当たりの受益・負担額を労働生産性上昇率で延伸する方法を基本とするが、以下では主な項目の推計の考え方について概説する。

消費税については、すでに決定された政策は反映させる世代会計のルールに従い、消費税率引上げスケジュールを推計に反映する[34]。法人税については、法人が支払う税であるが、世代会計の推計にあたってはどの世代の負担になるかを特定する必要がある。法人税負担の帰着については、労働者、資本家、消費者の誰が最終的に負担しているのか、さまざまな議論がある[35]。本章における法人税負担の各世代への分配については[36]、労働者と資本家が 2 分の 1 ずつ負担するとの前提に立っている。

医療・介護保険料については、増島・島澤・村上（2009）、増島・田中（2010a）では、医療・介護給付の支出に応じて保険料等の収入が調整されることを前提に定式化されているが、本章では基準年度の年齢別1人当たり負担額を労働生産性上昇率で延伸する単純な枠組みで推計する。

介護保険料については、介護保険制度を踏まえ、40歳以上の世代にのみ負担を分配している。医療・介護給付については、増島・島澤・村上（2009）、増島・田中（2010a）では、賃金上昇率と物価上昇率の加重平均で決まるよう定式化しているが、本章では基準年度の年齢別1人当たり受益額を労働生産性上昇率で延伸することで推計する。

年金給付については、増島・田中（2010a）を参考に年金制度を踏まえて定式化した。[37] 老齢年金については、受給開始の65歳の受給額は賃金スライドを反映させるため前年の65歳の受給額に前年の名目賃金上昇率を掛けて算出され、[38] 66歳以降の受給額は物価スライドを反映させるため前年の1歳若い年齢の受給額に物価上昇率を掛けて算出する。[39]

年金に関しては、すでに決定されている政策である年金保険料の引上げ、[40] 60歳から65歳への支給開始年齢の引上げ、[41] マクロ経済スライドの適用を推計に反映する。マクロ経済スライドとは、前年の賃金上昇率や物価上昇率により算定される改定率から、人口構成の変化に応じて算出されたスライド調整率を差し引くことによって、年金の給付水準を調整する仕組みである。[42] 本章では、中長期試算のベースラインケースおよび労働生産性上昇率1.0％にほぼ相当する厚生労働省『平成26年財政検証』（ケースF）に従い、給付水準調整終了の2040年までマクロ経済スライドが適用されると仮定する。[43]

4 推計結果

前節までに説明した分析手法およびデータを用いた2014年度基準の世代会計の推計結果および先行研究との比較を以下に示す。

4.1 基本推計結果

本章の世代会計の基本推計結果および先行研究の推計結果を図2.3で示

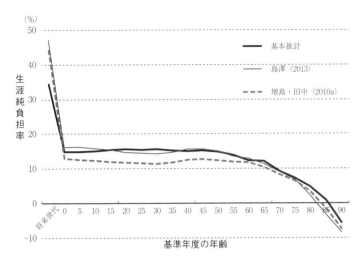

図 2.3 基本推計と先行研究の生涯純負担率

(出典)増島・田中(2010a)、島澤(2013)および筆者推計

す。本章の推計結果は、生涯純負担率でみると0歳世代は14.8％、将来世代は34.3％となり、2014年度においても0歳世代と将来世代の間に大きな世代間格差があることが確認された。

現在世代内の生涯純負担率をみると、基準年度の年齢が0〜50歳は15％程度でほぼ横ばいとなり、55歳を超えると生涯純負担率が小さくなり、90歳では受益超過となった。現行の政策を維持した場合、現在世代内の世代間格差よりも、現在世代と将来世代の世代間格差がより深刻な問題であるといえる。

4.2 先行研究との比較

推計結果を生涯純負担率が示されている先行研究と比較する。増島・田中(2010a)の基本ケースの推計結果を生涯純負担率でみると0歳世代12.9％、将来世代44.1％となっており、本章の推計における0歳世代と将来世代の生涯純負担率の差の方が小さくなった。

一方、推計時点が近い島澤(2013)の結果と比較すると、現在世代の各世代の生涯純負担率のグラフが近い形状となることが確認された。将来世代の

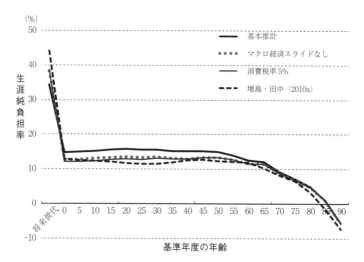

図 2.4　消費税率 5%、マクロ経済スライドなしのケースの生涯純負担率

(出典) 増島・田中 (2010a) および筆者推計

生涯純負担率については、本章推計の34.3%に対し、島澤(2013)では47.1%と高く推計されている。この差異の要因としては、成長率・金利の仮定の違いによるところが大きい。島澤(2013)においては、成長率1.5%、金利3.5%で一定と仮定されており、この値を用いて本章のモデルで推計すると将来世代の生涯純負担率は約60%まで上昇する[44]。

増島・田中 (2010a) との差異の要因の1つには、本章では10%までの消費税率引上げスケジュールが反映されている一方、増島・田中 (2010a) では消費税率が将来にわたり5%となっていることが考えられる[45]。消費税率引上げの影響を検証するため、消費税率5%で将来にわたり一定として世代会計の推計を行ったところ、増島・田中 (2010a) と近い推計結果が得られた（図2.4参照）。消費税率引上げが、世代間格差の縮小に寄与していることが示された。

4.3　マクロ経済スライドの影響分析

次に、マクロ経済スライドが世代間格差に与える政策効果について検証する[46]。マクロ経済スライドがないと仮定したケースの推計結果をみると、消費

税率5%のケースの推計結果とかなり近くなった（図2.4参照）。このことから、世代間格差の改善の観点からみると、マクロ経済スライドは10%までの消費税率引上げと同等の効果を持つと考えられる。

　一般的に、年金給付の削減は高齢世代に大きな影響を与えうる政策であるが、マクロ経済スライドは時間をかけて緩やかに給付水準を調整するため、各世代への影響は消費税率引上げと近いものとなると考えられる。

4.4　成長率・金利変更のシミュレーション

　世代会計の推計に対して、金利（割引率）の仮定の影響を受ける問題点が指摘されている。このため、金利・成長率を変更した推計を行うことで、推計結果の頑健性を検証することが望ましいと考えられる。

　本章では、金利から成長率を差し引いた金利成長率格差の仮定を基本推計の2.0%から1.5%、1.0%に変更した推計を行う。推計結果は、図2.5で示される。金利成長率格差を縮小すると、将来の受益が割り引かれないため、若年世代の純負担が減少する[47]。また、遠い将来世代の純負担に対する割引が小さくなるため、将来世代の生涯純負担が減少する。将来世代の生涯純負担率の減少幅の方が若年世代の減少幅より大きいことから、現在世代と将来世代の世代間格差は縮小するが、金利成長率格差1.0%のケースでも大きな世代間格差が残ることとなる。

　次に、金利成長率格差一定（2.0%）の下で、労働生産性上昇率を基本推計の1.0%から1.5%、2.0%に変更して推計を行う[48][49]。推計結果は図2.6で示されるとおり、ほとんど差がなかった。この要因としては、生産性上昇率が上がると、連動して金利が上昇するように定式化しているため、将来の受益・負担が伸びる効果と割引率が大きくなる効果が相殺され、結果として影響が小さいと考えられる[50]。

　このように、金利・成長率を変更して推計を行うことで、現在世代と将来世代の世代間格差が大きいという本章の推計結果の頑健性が確認されたと考えられる。

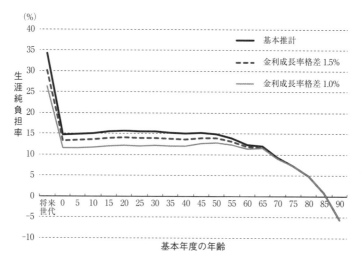

図 2.5　金利を変更したケースの生涯純負担率

（出典）筆者推計

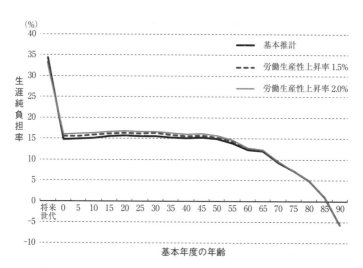

図 2.6　金利成長率格差一定の下で生産性上昇率を変更したケースの生涯純負担率

（出典）筆者推計

5 おわりに

本章では、増島・島澤・村上（2009）、増島・田中（2010a）の手法をベースとして、2014年度のSNAデータに基づく世代会計の推計を行った。推計の結果、世代間格差の指標である生涯純負担率でみると0歳世代の14.8％に対し、将来世代は34.3％となっており、現在世代と将来世代の間に大きな世代間格差があることが確認された。

本章の推計結果を2008年度のSNAデータに基づく先行研究である増島・田中（2010a）と比較すると、本章の推計における0歳世代と将来世代の生涯純負担率の差の方が小さくなった。この要因を特定するため、消費税率引上げを反映せず消費税率5％で将来にわたり一定として推計を行ったところ、増島・田中（2010a）と近い推計結果が得られた。消費税率引上げが、現在世代と将来世代の世代間格差の縮小に寄与していることが示された。

また、応用分析として、年金給付のマクロ経済スライドの各世代への影響を分析するため、マクロ経済スライドを適用しないケースの推計を行った。推計結果は、消費税率引上げを行わないケースとかなり近い結果になった。世代間格差の改善の観点からは、マクロ経済スライドは10％までの消費税率引上げと同等の効果を持つと評価できる。

最後に、金利・成長率の仮定を変更した推計を行うことで、本章の推計結果の頑健性を検証した。金利から成長率を差し引いた金利成長率格差一定の下での生産性上昇率の変更は、生涯純負担率にほとんど影響を与えなかった。一方、金利成長率格差を小さくすると、現在世代と将来世代の世代間格差は縮小するものの、依然として大きな世代間格差が残り、本章の推計結果の頑健性が確認された。

表 2.1　各収入・支出項目のデータ出所

	項目	各収入・支出項目のデータ出所
政府収入	社会負担（年金）	SNA フロー編　付表 6 (1) ＞ 9. 社会負担（受取）＞ (1) 現実社会負担と (2) 帰属社会負担の合計額に年金・医療・介護・その他のウェイトを掛けて算出（ウェイトの算出方法）
	社会負担（医療）	
	社会負担（介護）	
	社会負担（その他）	SNA フロー編 付表 10 の社会保障負担の合計のうち年金関係、医療関係、9. 介護保険、その他の項目（雇用保険、児童手当等）がそれぞれ占める割合
	所得富等経常税（個人）	SNA フロー編　付表 6 (1) ＞ 8. 所得・富等に課される経常税を個人：法人の比率で分割（個人：法人の比率の算出方法）
	所得富等経常税（法人）	国税庁ホームページ　統計情報＞長期時系列データにおける申告所得税と源泉所得税の合計と法人税の比率
	消費税	SNA フロー編 付表 6 (1) ＞ 1. 生産・輸入品に課される税（受取）＞ (1) 生産に課される税＞ a. 付加価値型税（VAT）
	生産物に課される税	SNA フロー編 付表 6 (1) ＞ 1. 生産・輸入品に課される税（受取）から (1) a. 付加価値型税と (2) 生産に課されるその他の税の合計を控除
	固定資産税等	SNA フロー編 付表 6 (1) ＞ 1. 生産・輸入品に課される税（受取）＞ (2) 生産に課されるその他の税
	資本移転（相続税）	SNA フロー編 付表 6 (1) ＞ 19 資本移転（受取）＞ (2) 居住者からのもの＞うち資本税
	資本移転（相続税除く）	SNA フロー編 付表 6 (1) ＞ 19. 資本移転（受取）＞ (2) 居住者からのもの（うち資本税除く）と (3) 海外からのものの合計値（過去分について、中長期試算の記述を参考に一般政府に属さない特別会計からの一般会計への繰入れ等の特殊要因を調整）
	その他経常移転	SNA フロー編 付表 6 (1) ＞ 10. その他の経常移転（受取）＞ (1) 非生命保険金、(3) 経常国際協力、(4) 他に分類されない経常移転の合計額
	財産所得（利子除く）	SNA フロー編 付表 6 (1) ＞ 3. 財産所得（受取）＞ (2) 法人企業の分配所得、(3) 保険契約者に帰属する財産所得、(4) 賃貸料の合計額
移転支出	現物以外の社会給付（年金）	SNA フロー編 付表 9 ＞現物社会移転以外の社会給付のうち年金関係の項目の合計額
	現物以外の社会給付（医療）	SNA フロー編 付表 9 ＞現物社会移転以外の社会給付のうち医療関係の項目の合計額
	現物以外の社会給付（介護）	SNA フロー編 付表 9 ＞現物社会移転以外の社会給付＞ 1. 社会保障給付＞ (9) 介護保険

第 2 章　世代会計の基本推計　　59

	項目	各収入・支出項目のデータ出所
移転支出	現物以外の社会給付（その他）	SNA フロー編 付表 9 ＞現物社会移転以外の社会給付のうち上記以外の項目（雇用保険、児童手当等）の合計額
	現物社会移転（医療）	SNA フロー編 付表 7 ＞個別消費支出（現物社会移転）＞ 7. 保健に医療・介護のウェイトを掛けて算出
	現物社会移転（介護）	（ウェイトの算出方法） SNA フロー編 付表 9 ＞現物社会移転のうち医療関係と 1.（9）介護保険の比率
	現物社会移転（その他）	SNA フロー編 付表 7 ＞個別消費支出（現物社会移転）＞ 8. 娯楽・文化・宗教と 10. 社会保護の合計額
	補助金（企業向け・経常）	SNA フロー編 付表 7 ＞補助金
	その他経常移転	SNA 付表 6（1）＞ 13. その他の経常移転（支払）＞（4）他に分類されない経常移転
非移転支出	現実最終消費	SNA フロー編 付表 6（1）＞ 17. 最終消費支出＞（2）現実最終消費（集合消費支出）
	現物社会移転（教育）	SNA フロー編 付表 7 ＞個別消費支出（現物社会移転）＞ 9. 教育
	総固定資本形成	SNA フロー編 付表 6（1）＞ 22. 総固定資本形成、24. 在庫品増加、25. 土地の購入（純）の合計額
	［控除］固定資本減耗	SNA フロー編 付表 6（1）＞ 23.（控除）固定資本減耗
	資本移転	SNA フロー編 付表 6（1）＞ 20.（控除）資本移転（支払）＞（2）居住者からのものと（3）海外に対するものの合計値
	その他経常移転（国際協力等）	SNA フロー編 付表 6（1）＞ 13. その他の経常移転（支払）＞（1）非生命純保険料と（3）経常国際協力の合計値
	財産所得（利子除く）	SNA フロー編 付表 6（1）＞ 5. 財産所得（支払）＞（2）賃貸料
国民所得		SNA フロー編 統合勘定＞ 2. 国民可処分所得と使用勘定＞国民所得（要素費用表示）

（出典）筆者作成

表 2.2 分配データ出所

項目		分配データ出所
政府収入	社会負担（年金）	全国消費実態調査（以下、全消）＞全国＞家計収支編＞報告書掲載表＞2人以上の世帯＞第6表 世帯主の年齢階級別1世帯当たり1か月の収入と支出＞勤め先収入（うち勤労者世帯） 国勢調査＞産業等基本集計（労働力状態、就業者の産業など）＞全国結果＞第2-1表 労働力状態（8区分）、配偶関係（4区分）、年齢（5歳階級）、男女別15歳以上人口（総数および日本人）における就業者数を総数で除したもの→「就業率」 ⇒全消「勤め先収入」×国勢調査「就業率」
	社会負担（医療）	全消「勤め先収入」×国勢調査「就業率」
	社会負担（介護）	全消「勤め先収入」× 国勢調査「就業率」（40歳以上のみ負担）
	社会負担（その他）	全消「勤め先収入」× 国勢調査「就業率」
	所得富等経常税（個人）	全消「勤め先収入」× 国勢調査「就業率」
	所得富等経常税（法人）	全消＞全国＞家計資産編（純資産）＞報告書掲載表＞総世帯＞第22表年間収入階級・年間収入十分位階級・世帯主の年齢階級別1世帯当たり資産額＞貯蓄現在高 ⇒全消「貯蓄現在高」および全消「勤め先収入」×国勢調査「就業率」の平均
	消費税	全消＞全国＞家計収支編＞報告書掲載表＞2人以上の世帯＞第6表 世帯主の年齢階級別1世帯当たり1か月の収入と支出＞消費支出（2人以上の世帯）
	生産物に課される税	全消「消費支出」
	固定資産税等	全消＞全国＞家計資産編（純資産）＞報告書掲載表＞総世帯＞第22表年間収入階級・年間収入十分位階級・世帯主の年齢階級別1世帯当たり資産額＞住宅・宅地資産額
	資本移転（相続税）	全消＞全国＞家計収支編＞報告書掲載表＞2人以上の世帯＞第6表 世帯主の年齢階級別1世帯当たり1か月の収入と支出＞受贈金（うち勤労者世帯）
	資本移転（相続税除く）	人口（表2.3参照）
	その他経常移転	人口（表2.3参照）
	財産所得（利子除く）	人口（表2.3参照）
移転支出	現物以外の社会給付（年金）	全消＞全国＞家計収支編＞報告書掲載表＞2人以上の世帯＞第6表 世帯主の年齢階級別1世帯当たり1か月の収入と支出＞社会保障給付＞公的年金給付（うち勤労者世帯）
	現物以外の社会給付（医療）	厚生労働省　国民医療費＞統計表一覧＞国民医療費＞年度次＞第5表　性、年齢階級、医科診療―歯科診療―薬局調剤別にみた国民医療費・構成割合・人口1人当たり国民医療費＞人口1人当たり国民医療費

第 2 章　世代会計の基本推計　　　61

項目		分配データ出所
移転支出	現物以外の社会給付（介護）	厚生労働省　介護給付費実態調査＞介護給付費実態調査報告＞閲覧表＞年度次＞ 以下の項目における介護予防及び介護サービスに係る保険給付額と公費負担額の合計額 9　保険給付額、年齢階級・介護予防サービス種類・要支援状態区分別（累計）、10　保険給付額、年齢階級・介護サービス種類・要介護状態区分別（累計）、11　公費負担額、年齢階級・介護予防サービス種類・要支援状態区分別（累計）、12　公費負担額、年齢階級・介護サービス種類・要介護状態区分別（累計）
	現物以外の社会給付（その他）	全消＞全国＞家計収支編＞報告書掲載表＞2 人以上の世帯＞第6 表 世帯主の年齢階級別 1 世帯当たり 1 か月の収入と支出＞社会保障給付＞雇用保険法に基づく給付と他の社会保障給付の合計額（うち勤労者世帯）
	現物社会移転（医療）	国民医療費「人口 1 人当たり国民医療費」
	現物社会移転（介護）	介護給付費実態調査「保険給付額」と「公費負担額」の合計
	現物社会移転（その他）	人口（表 2.3 参照）
	補助金（企業向け・経常）	全消「消費支出」
	その他経常移転	全消「消費支出」
国民所得		全消「勤め先収入」×国勢調査「就業率」

（出典）筆者作成

表 2.3　その他のデータ出所

項目	データ出所
政府純債務残高	SNA ストック編 付表 7 ＞（5）一般政府の内訳＞金融資産・負債差額
金利	経済財政白書＞長期経済統計＞金融（1/1）＞国債流通利回り
人口	（2010 年以降） 社会保障・人口問題研究所『日本の将来推計人口』（平成 24 年 1 月推計）＞詳細結果表＞推計結果表＞表 1. 出生中位（死亡中位）推計（2011～2060）＞表 1-9 男女年齢各歳別人口＞参考表 1. 出生中位（死亡中位）推計（2061～2110）＞参考表 1-9　男女年齢各歳別人口 （2009 年以前・5 年ごと） 総務省『国勢調査』＞人口等基本集計（男女・年齢・配偶関係、世帯の構成、住居の状態など）＞全国結果＞第 3-1 表　年齢（各歳）、男女別人口、年齢別割合、平均年齢および年齢中位数（総数および日本人）＞全国（総数） （2009 年以前・国勢調査年以外） 総務省『人口推計』＞各年 10 月 1 日現在人口＞年次＞第 1 表　年齢（各歳）、男女別人口＞総人口＞男女計
スライド調整率	平成 26 年財政検証結果＞財政検証詳細結果＞財政検証＞被保険者数の見通し＞公的年金被保険者数の将来見通し 人口：出生中位、死亡中位　労働：労働市場への参加が進まないケース（ケース F ～ケース H）＞①に寿命の伸び等を勘案して設定した一定率（0.3％）を加えた率

（出典）筆者作成

注

1) 先行研究の整理は第 1 章参照。

2) 第 1 章 2.3 参照。

3) 将来の政府収入・支出は、現在価値ベースに換算する。

4) Auerbach, Gokhale and Kotlikoff（1991）では、非移転支出（G_t）を政府消費支出（government consumption expenditure）としているが、内閣府『国民経済計算』の最終消費支出ではなく、政府投資を含む概念である。また、本章では非移転支出を G_t と表記しているが、政府支出全体ではなく、移転支出を除いた非移転支出のみを表す。

5) Auerbach, Gokhale and Kotlikoff（1991）における数式は、右辺第 2 項の政府純債務残高（D_{t_0}）ではなく、左辺に政府純資産残高（W_{t_0}）が加えられている。本章では、現在日本を含む多くの国で政府の負債が資産を上回る状況であることに鑑み、わかりやすさの観点から「政府純資産残高」を右辺に移項して「政府純債務残高」とした。

6) 増島・島澤・村上（2009）、増島・田中（2010a）における世代会計の数式の説明では、$N_{t,k}$ を各世代の合計ではなく 1 人当たり純負担額と定義している。ここでは、Auerbach, Gokhale and Kotlikoff（1991）に従い、各世代の純負担の合計額を $N_{t,k}$ と定義する。

7) 増島・島澤・村上（2009）、増島・田中（2010a）に倣い、本章では $d = 94$ と仮定する（寿命の上限は 94 歳で 95 歳以上の人は存在しない）。

8) 移転支出については、左辺の $N_{t_0,k}$ の計算に反映されるため、右辺は非移転支出と政府純債務残高の合計となる。

9) 受益項目は負数となる。

10) Auerbach, Gokhale and Kotlikoff（1991）の負担項目には、税・社会保険料など通常の政府収入の項目のほか、通貨発行益（シニョリッジ）が含まれる。

11) 増島・島澤・村上（2009）、増島・田中（2010a）をはじめとする日本の先行研究では『全国消費実態調査』が多く用いられている。

12) 例えば、消費税の負担の分配については、世代別の消費税支払額の統計がないため、年齢階級別の消費支出のデータにより各世代の消費税支払額を推計する方法が用いられている。

13) 現在世代の各世代の人口は、生まれた年度でなく基準年度の人口を用いるため、純負担額は基準年度に生存している人の平均となる。

14) $n_{t_0,k}$ は t_0 年度以降の 1 人当たり純負担額であることから、0 歳世代と t_0 年度以降に生まれる将来世代については「生涯純負担額」を表すこととなる。

15) Auerbach, Gokhale and Kotlikoff（1991）参照。Auerbach, Gokhale and Kotlikoff（1991）は、生まれ年が 1 年遅れるごとに純負担額が g だけ増加する仮定は、将来世代間の純負担の数ある分配方法のうちの 1 つにすぎないとしている。

16) コトリコフの世代会計においては、過去分の受益・負担は純負担額の計算に反映されないため、0 歳世代と将来世代のみが比較可能となる。世代間格差の指標として

は、第1章で述べたとおり、0歳世代の生涯純負担額に対する将来世代の生涯純負担額の増加分の比率である「世代間不均衡」（$= \dfrac{n_{t_0,t_0+1} - n_{t_0,t_0}}{n_{t_0,t_0}}$）を用いることが多い。

17) 増島・田中（2010a）では、「基本ケース」「債務安定化ケース」「健全化遅延ケース」の推計を行っているが、本章では「基本ケース」を参考としている。

18) SNA でデータが入手できない遠い過去分は、内閣府（2007）および公開されている増島・田中（2010a）のデータベースを参考にして、利用可能な他のデータにより補完している。

19) 2010 年度の SNA から新たに導入された FISIM（間接的に計測される金融仲介サービス）については、SNA 統計上サービス消費として現実最終消費に含まれるため、個人の受益に算入されない非移転支出として扱う。

20) 収入はすべて負担項目となる一方、支出は移転支出のみが受益項目となる。

21) 『全国消費実態調査』のデータは暦年ベースであるが、そのまま年度ベースと読み替えて使用する。

22) 人口データの出所の詳細については表 2.3 参照。

23) 本章では、人々の寿命の上限を 94 歳と仮定しているため、94 歳までの人口データを使用する。

24) Auerbach and Kotlikoff（1999）参照。前者の場合は、各項目の対 GDP 比が一定となるが、後者の場合は人口構成の変化により GDP 比が増減することが紹介されている。

25) 年金給付については、増島・田中（2010a）に倣い、制度を反映した方法で将来推計を行う。詳細は後述。

26) 生涯所得の計算のベースとなる国民所得についても総額を経済成長率で延伸して推計する。

27) その後の国際比較プロジェクトでは、成長率 1.5%、金利 5% が使用されている。

28) 名目金利が 0.1% となる 2016 年度については、0% に修正している。

29) 増島・田中（2010a）では、当時の政府推計の「慎重シナリオ」に従い推計している。

30) Auerbach, Gokhale and Kotlikoff（1991）の世代会計は実質値を用いているが、本章の推計では増島・田中（2010a）と同様、変数の名目値を名目利子率で割り引いている。物価上昇率は、年金給付のマクロ経済スライドを除いて、生涯純負担率の推計結果にほとんど影響しない。

31) 労働生産性上昇率は日本における過去 20 年間の平均（日本生産性本部資料）、金利成長率格差は日本における過去 20 年間の平均（平成 26 年経済財政白書）を参考にして設定した。物価については、中長期試算の最終年度（2025 年度）の GDP デフレータ 0.5%、CPI 上昇率 1.1% を参考に 1.0% とした。増島・島澤・村上（2009）、増島・田中（2010a）では、それぞれ実質労働生産性上昇率 2.0%、1.5%、金利成長率格差 1.5%、2.0% と仮定している。

32) 2031 年度の成長率が上昇するのは、ひのえうまの影響により 1966 年度生まれ人口

が少ないため、2031 年度の生産年齢人口の減少が抑制されるためである。

33) 本章においては、2026 年度以降の金利成長率格差を 2.0%で一定と仮定している。現実の世界において名目金利は基本的に非負であるため、名目成長率が 2.0%を下回る場合には、金利成長率格差が拡大することが考えられる。なお、本章の推計において、名目成長率が▲2.0%を下回らないことを確認している。

34) 本章の世代会計推計における消費税率については、2014 年 4 月から 8%、2019 年 10 月から 10%としている。

35) 土居（2012）に詳しい。法人税負担の分配の妥当性については、第 3 章で検証する。

36) 具体的な分配データは表 2.2「所得富等経常税（法人）」参照。

37) 増島・田中（2010a）に詳しい。

38) 本章では、名目賃金上昇率が名目労働生産性上昇率と等しいと仮定する。

39) 老齢年金以外の年金は、前年の賃金上昇率と物価上昇率の平均で伸びると仮定した。

40) 厚生年金の保険料率の引上げスケジュール（2017 年までに 18.3%に段階的引上げ）に基づき毎年の増加率を計算して、推計に反映した。

41) 支給開始年齢引上げスケジュールの推計への反映手法については、増島・島澤・村上（2009）に詳しい。

42) マクロ経済スライド適用により改定率がマイナスとなる場合は、改定率ゼロまでしかマクロ経済スライドが適用されないこととなっている。

43) 所得代替率（夫婦の年金受給額の現役時代の男子の収入に対する割合）が 50%を下回る場合は、50%でマクロ経済スライドによる給付水準調整を終了し、給付及び負担の在り方について検討を行うこととされている。本章推計で用いる終了年度の 2040 年は、所得代替率が 50%となる年であり、仮に財政のバランスが取れるまで機械的に給付水準調整を進めた場合の調整終了は 2050 年となる。

44) 島澤（2013）における金利成長率格差（＝金利−成長率）も本章推計と同じ 2%であるが、本章推計では 2025 年度まで中長期試算に従うこととしているため、島澤（2013）の方が将来世代の割引ファクター（累積の金利成長率格差が基本となる）が大きくなる結果、将来世代の生涯純負担率が大きく推計される。

45) 本章の世代会計における消費税率については、2014 年 4 月に 8%、2019 年 10 月に 10%となることを想定している。

46) マクロ経済スライドは、増島・田中（2010a）においても反映されている。

47) 金利・成長率を変更した推計についての分析は、佐藤（2014）に詳しい。

48) 生産関数 Y = A·F（K,L）において、労働生産性が上がるためには、技術水準 A もしくは資本 K が上昇する必要があるが、ここでは A が上昇すると仮定している。A が上昇した場合、資本のレンタルコストが上昇し、一般的に金利上昇につながる。なお、労働生産性上昇率 1.5%は増島・田中（2010a）、2.0%は増島・島澤・村上（2009）と同じ想定である。

第 2 章　世代会計の基本推計　　　65

49)　労働生産性上昇率 1.5％は『平成 26 年年金財政検証』のケース B もしくはケース C に相当し、年金水準調整終了は 2043 年度となる。労働生産性上昇率 2.0％は『平成 26 年年金財政検証』のケース A に相当し、調整終了は 2044 年度となる。

50)　金利水準を一定として、労働生産性上昇率を 1.5％、2.0％に変更して推計を行った場合、金利成長率格差が 1.5％、1.0％となり、金利成長率格差を変化させた図 2.5 に近い結果が得られる。

第**3**章

世代会計における受益・
負担の世代間分配手法の頑健性の検証

1 はじめに

世代会計では、政府の収入を個人の負担、政府の支出を個人の受益ととらえて、各世代に分配し集計することで世代別の受益・負担額を推計している。SNA の政府の収入・支出の各項目の世代間の分配については、多くの受益・負担項目を直接世代別に分配するためのデータが存在しないことから、一定の仮定を置いて、総務省『全国消費実態調査』の年齢階級別データを中心とする利用可能な統計で代用している。

例えば、消費税負担の分配は、世代別の消費税負担額の統計が存在しないため、『全国消費実態調査』の年齢階級別の消費支出のデータを用いて、各世代の消費税負担額を推計する手法を用いている。[1] また、所得税負担の分配は、[2]『全国消費実態調査』における勤労者世帯の年齢階級別の「勤め先収入」に就業率を掛けて調整した値を用いて、[3] 各世代の所得税負担額を推計している。

Auerbach, Gokhale and Kotlikoff (1991) の提唱した世代会計は個人の政府に対する受益・負担を推計したものであるが、多くの日本の先行研究ではデータの制約のため、『全国消費実態調査』などの世帯ベースの統計を用いて受益・負担を世代間に分配している。[4] 本章では、個人ベースの世代会計の推計にあたって世帯ベースの分配データを用いる手法の頑健性を検証するため、個人ベースの分配データを用いた世代会計の推計を試みる。[5]

世代会計の推計全体の妥当性の問題とは性質が異なるが、各収入・支出項

目の世代間の分配手法についても単純化された仮定を置いており、仮定の妥当性を検証することが重要である。本章では、法人税の税負担の帰着を変更した推計、所得税の累進構造を反映させた推計を行うことで、法人税・所得税負担の分配手法の妥当性を検証する。

法人税は、形式的には法人が納税する制度であるが、最終的に労働者、資本家、消費者のうち誰の負担となるかという税負担の帰着に関する議論がある。本章では、法人税負担の帰着の仮定の置き方が、世代会計の推計に与える影響について検証を加える。

所得税については、負担の分配方法の前提として、所得税負担額が所得額（勤め先収入）に比例することが仮定されているが、実際には所得税は累進課税となっており、所得税負担の分配手法が妥当でない可能性がある。本章では、所得税の累進構造を反映させた推計を行い、所得税負担の分配手法の妥当性を検証する。

本章の構成は次のとおりである。第2節では各受益・負担項目の分配データを説明したうえで、過去の分配データとの比較を行う。第3節では2009年調査の分配データを用いた世代会計の推計と基本推計との比較を行い、分配データが生涯純負担率に与える影響を分析する。第4節では世代ベースの分配データから個人ベースの分配データへの変更を行った場合の世代会計を推計することで、世代会計の推計全体にかかる分配手法の頑健性を検証する。第5節では法人税負担の帰着の変更、第6節では所得税の累進構造の反映を行った場合の世代会計を推計することで、基本推計における個別負担項目の分配手法の頑健性を検証する。第7節では分配手法の頑健性の検証結果をまとめることで締めくくる。

2 世代間の受益・負担の分配データ

世代会計では、SNAの政府収入・支出の項目別の総額データから世代別の受益・負担額を推計する必要がある。世代別の受益・負担額の推計にあたっては、税・社会保険料を含む多くの項目で世代別の受益・負担を示す直接的なデータがないため、世代間の分配ウェイトに近いと考えられる『全国消費

第 3 章　世代会計における受益・負担の世代間分配手法の頑健性の検証　　69

実態調査』を中心とした年齢階級別データを用いて推計を行う。

　多くの受益・負担項目の世代間の分配に用いる『全国消費実態調査』は 5 年ごとの調査となっており、第 2 章の基本推計では 2014 年調査のデータを用いているが、本章では 5 年前の 2009 年調査の分配データを用いて世代会計の推計を行う。本節では、まず各受益・負担項目の分配データを説明したうえで、2009 年調査と 2014 年調査の分配データの比較を行う。

　受益・負担の各項目の世代間の分配データは、『全国消費実態調査』の「勤め先収入」「消費支出」「公的年金給付」「その他社会保障」「受贈金」「貯蓄現在高」「住宅・宅地資産額」の 7 項目のデータを用いているほか、厚生労働省[6]『国民医療費』および厚生労働省『介護給付費実態調査』のデータを用いている。以下では、各分配データについて説明する（2009 年調査と 2014 年調査の各分配データの比較は図 3.1 参照）。

　「勤め先収入」は就業率を調整したうえで、所得税、法人税の 2 分の 1[7]、社会保険料の負担の世代間の分配に用いるほか[8]、生涯純負担率の分母となる生涯所得の世代間の分配にも用いている[9]。「勤め先収入」のデータをみると、年功賃金を反映して 50 歳代まで収入が上昇するが、60 歳代以上では収入は減少する。『全国消費実態調査』の 2009 年調査と 2014 年調査では、ほとんど差がみられない。

　「消費支出」は、消費税の負担、生産物に課される税（物品税）の負担、補助金の受益、その他経常移転の受益の世代間の分配に用いている。所得水準が高くなる 50 歳代まで増加し、60 歳代以降は減少する[10]。ただし、「勤め先収入」と比較すると、世代間の差が小さくなっている。『全国消費実態調査』の2009 年調査と 2014 年調査では、ほとんど差がみられない。

　「公的年金給付」は、年金給付による受益の分配に用いている。59 歳未満は非老齢年金（障害年金、遺族年金、寡婦年金）の受給者が限定されるため世帯平均の給付額は小さく[11]、老齢年金の支給対象となる 60 歳以降に給付額が急増する。『全国消費実態調査』の 2009 年調査と 2014 年調査を比較すると、すべての世代において約 3 割以上増加している[12]。増加の原因ははっきりしないが、すべての世代で増加しているため、年金給付の受益の世代間の分配への影響はほとんどない[13]。

「その他社会保障」は、年金・医療・介護以外の社会保障の現金給付の受益の分配に用いている。具体的には、生活保護、失業手当、児童手当が含まれる。失業手当は勤労世代、児童手当は子育て世代が受給対象の中心になると考えられ、若年・中年世代のウェイトが比較的高くなっている。『全国消費実態調査』の 2009 年調査と 2014 年調査を比較すると、2014 年調査では児童手当の増額を受けて 30 歳代を中心とした子育て世代の給付額が大幅に増加している。[14]

「受贈金」は、相続税負担の分配に用いている。若年世代と 50 歳代後半のウェイトが高くなっている。[15]『全国消費実態調査』の 2009 年調査と 2014 年調査を比較すると、2014 年調査では 20〜24 歳の分配ウェイトが大幅に低下している。ただし、相続税負担の総額が 1 兆円台と他の負担項目に比べて小さいため、分配データ更新の世代会計への影響は軽微である。

「貯蓄現在高」は、法人税の 2 分の 1 が資本家の負担に帰着するとの考え方を前提として、資本家の負担分の世代間の分配データの代理として用いている。[16][17]「貯蓄現在高」は、60 歳代まで増加を続け、70 歳以上でやや減少する。『全国消費実態調査』の 2009 年調査と 2014 年調査を比較すると、ほぼ等しくなっている。

「住宅・宅地資産額」は、固定資産税の負担の分配に用いている。貯蓄現在高と同様、高齢世代で資産額が大きくなるが、30 歳代で住宅を取得するケースを反映して貯蓄現在高に比べて 30 歳代のウェイトが高くなっているほか、70 歳以上でも資産額の減少がほとんどみられない特徴がある。『全国消費実態調査』の 2009 年調査と 2014 年調査を比較すると、全体の傾向に大きな差はないが、地価下落を反映して 2014 年調査の資産額が減少している世代がみられる。

「医療給付」は、個人ベースの 1 人当たり医療費を示すデータであり、医療給付の受益の世代間分配に用いている。[18]0〜4 歳世代を除いて、高齢世代ほど医療費が大きくなる特徴がある。2009 年調査と 2014 年調査を比較すると、全体の傾向は変わらないが、85 歳以上の世代の医療費が大幅に増加している。

「介護給付」は、個人ベースの介護給付費を示すデータであり、利用者負担

第3章 世代会計における受益・負担の世代間分配手法の頑健性の検証　71

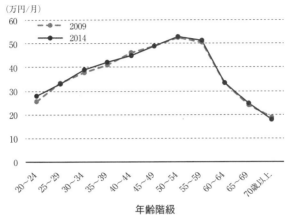

図 3.1　2009 年調査（点線）と 2014 年調査（実線）の各分配データの比較①
(出典)『全国消費実態調査』より作成

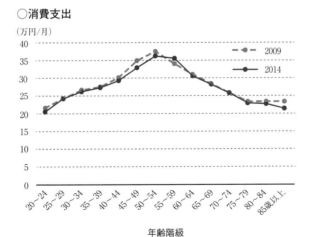

図 3.1　2009 年調査（点線）と 2014 年調査（実線）の各分配データの比較②
(出典)『全国消費実態調査』より作成

○公的年金給付

図3.1 2009年調査（点線）と2014年調査（実線）の各分配データの比較③
（出典）『全国消費実態調査』より作成

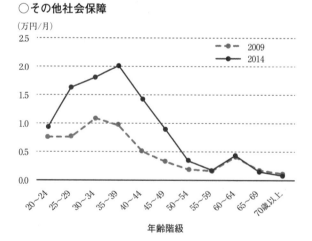

○その他社会保障

図3.1 2009年調査（点線）と2014年調査（実線）の各分配データの比較④
（出典）『全国消費実態調査』より作成

第3章 世代会計における受益・負担の世代間分配手法の頑健性の検証　73

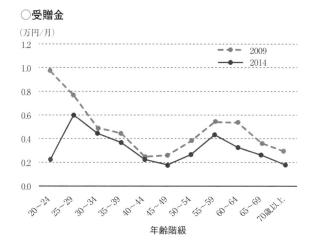

図 3.1　2009 年調査（点線）と 2014 年調査（実線）の各分配データの比較⑤
(出典)『全国消費実態調査』より作成

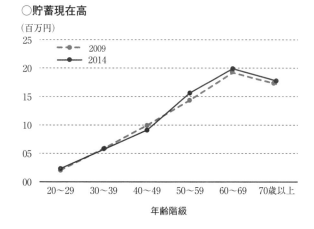

図 3.1　2009 年調査（点線）と 2014 年調査（実線）の各分配データの比較⑥
(出典)『全国消費実態調査』より作成

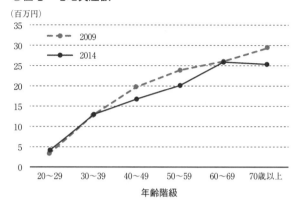

図 3.1　2009 年調査（点線）と 2014 年調査（実線）の各分配データの比較⑦
（出典）『全国消費実態調査』より作成

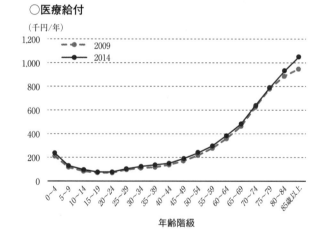

図 3.1　2009 年調査（点線）と 2014 年調査（実線）の各分配データの比較⑧
（出典）『国民医療費』より作成

第3章　世代会計における受益・負担の世代間分配手法の頑健性の検証　75

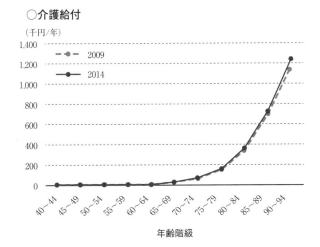

図 3.1　2009 年調査（点線）と 2014 年調査（実線）の各分配データの比較⑨
(出典)『介護給付費実態調査』より作成

額を除く費用（保険給付額と公費負担額の合計）を介護給付の受益の世代間の分配に用いている。介護保険に加入する 40 歳以上では、高齢世代ほど介護給付が大きくなる特徴がある。2009 年調査と 2014 年調査を比較すると、全体的な特徴は変わらないが、80 歳以上、特に 90〜94 歳世代の介護給付が増加している。

このほか、資本移転（相続税除く）、その他経常移転、財産所得（利子除く）の負担および現物社会移転（その他）の受益については、適当な分配データがないため、全世代の 1 人当たり受益・負担額を一定として、受益・負担を分配している。

3　世代会計の推計

本節では、分配データが世代会計の推計結果に与える影響を検証するため、第 2 章の基本推計をベースとして、分配データの時点を 2009 年調査に変更した分析を行う。2009 年調査の分配データと 2014 年調査の分配データを用いた世代会計の推計結果を比較すると、2014 年調査の推計の方が 50 歳代

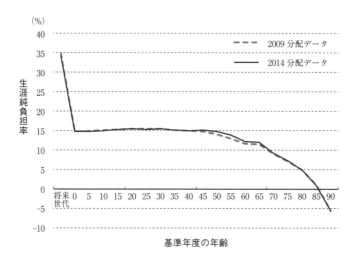

図 3.2　2009 年調査と 2014 年調査の分配データを用いた生涯純負担率の比較

(出典) 筆者推計

および 60 歳代で生涯純負担率がわずかに高いものの、全体的に分配データの変更による影響がほとんどないことが確認された（図 3.2 参照）[19]。

0 歳世代と将来世代の生涯純負担率の差は 2009 年調査の分配データを用いたケースが 20.1％ポイント、2014 年調査の分配データを用いたケースが 19.6％ポイントとほとんど差がなく、各世代の生涯純負担率の差もほぼ 1％ポイント未満となった。

4　個人ベースの分配データへの変更

日本の世代会計の先行研究では、SNA の政府の収入・支出を世代間の受益・負担に分配するにあたり、個人ベースの年齢別データの制約から『全国消費実態調査』の世帯ベースの、データを用いている先行研究が多い[20]。

個人ベースの年齢別の受益・負担を求めるにあたり、世帯主の年齢階級別の分配データを用いることは、世代間の分配を歪めるおそれがあると考えられる[21]。本節では、個人ベースの分配データを用いた世代会計の推計を試みることにより、世帯ベースの分配データを用いることの妥当性に検証を加える。

第 3 章　世代会計における受益・負担の世代間分配手法の頑健性の検証　　77

4.1　手法およびデータ

第 2 章の基本推計で用いている世帯ベースの分配データは、「勤め先収入」「消費支出」「公的年金給付」「その他社会保障」「受贈金」「貯蓄現在高」「住宅・宅地資産額」の 7 データであり[22]、すべて『全国消費実態調査』から入手している。

本節では、個人ベースの分配データに基づく世代会計の推計を行うため、「勤め先収入」については国税庁『民間給与実態統計調査』の個人ベースのデータに変更、「公的年金給付」については厚生労働省『平成 26 年財政検証結果レポート』の総額データから一定の仮定を置いて推計、その他の分配データについては世帯ベースのデータを個人ベースに補正する修正を行うこととする。

以下では、個人ベースの分配データの作成手法について述べたうえで、世帯ベースの分配データとの比較を行う（図 3.3 参照）[23]。

(1)「勤め先収入」

『民間給与実態統計調査』における個人ベースの世代別データを用いて[24]、所得税負担などを世代別に分配する。『民間給与実態統計調査』のデータは、1978 年から 2014 年までの各年のデータが入手可能であり、「平均給与」を各世代の給与額とする[25]。高齢世代は「70 歳以上」で一括りとなっているため、70 歳以上の世代については一定とする[26]。

『全国消費実態調査』の世帯ベースの「勤め先収入」のデータと比較すると、65 歳以上の高齢世代では『民間給与実態統計調査』の個人ベースのデータの給与額が大きく、35〜59 歳の世代では『全国消費実態調査』の世帯ベースのデータの給与額が大きくなっている（図 3.3 参照）。要因としては、『全国消費実態調査』における世帯内の有業者人数が高齢世帯では小さくなっていることが考えられる（55〜59 歳 1.8 人、70 歳以上 1.4 人）[27]。

(2)「公的年金給付」

公的年金には、支給開始年齢に達すると受給できる老齢年金のほか、非老齢年金（障害年金、遺族年金、寡婦年金）がある。本章では、『平成 26 年財政検証結果レポート』の総額データを用いて、老齢年金、非老齢年金への分配割合を計算したうえで、それぞれについて給付額に一定の仮定を置いて年

齢階級別に分配する。

『平成 26 年財政検証結果レポート』から[28]、厚生年金と国民年金を合わせた各年の老齢年金の支給総額と非老齢年金の支給総額を算出する[29]。データは、1965 年以降入手可能であり、1964 年以前については 1965 年と同じ分配比率であると仮定する[30]。

老齢年金については、60 歳以上の 1 人当たり給付額を一定として計算している。すなわち、『財政検証結果レポート』から得た老齢年金の給付総額を60 歳以上人口で割ることで 1 人当たり給付額を計算している。ただし、2001 年以降の 60〜64 歳世代については、年金の支給開始年齢の引上げの影響を反映させる調整を行っている[31]。

非老齢年金については、年齢とともに受給者が増加していくことを反映させ[32]、20〜59 歳世代の 5 歳階級毎に比例的に支給額が増加し、60 歳以上の世代については 55〜59 歳世代と同じ支給額になる仮定を置く。すなわち、20〜24 歳世代が 1 とすると、25〜29 歳世代はその 2 倍、55 歳以上世代がその 8 倍となるように、非老齢年金の支給総額を分配する。

『全国消費実態調査』の世帯ベースの分配データと比較すると、65 歳以上の世代で世帯ベースのデータに基づく年金給付額の方が大きくなっている。これは、世帯に属する 65 歳以上の人員が、65〜69 歳は 1.35 人、70 歳以上は1.58 人であることが大きく影響している。

(3) 「貯蓄現在高」「住宅・宅地資産額」

「貯蓄現在高」「住宅・宅地資産額」については、世代別の個人ベースのデータがないため、『全国消費実態調査』の世帯ベースのデータを個人ベースに補正することとする。

住宅・宅地については、世帯主が保有しているケースが多いと考えられる。貯蓄については、世帯の構成員全員が保有している場合がほとんどであるものの、世帯主の保有割合が高いと考えられる。本節では、データの制約および簡便性の観点から、住宅・宅地および貯蓄を世帯主が全額保有していると仮定して、税負担を世帯主が属する世代に分配する。具体的には、『全国消費実態調査』の「貯蓄現在高」、「住宅・宅地資産額」に年齢階級別の人口に対する世帯主の比率を掛けることで世帯主 1 人当たりの資産額を計算する。

世帯主割合については、国立社会保障・人口問題研究所『世帯の家族類型別、世帯主の男女年齢 5 歳階級別一般世帯数および割合』から年齢階級別の一般世帯数のデータを入手し、人口との比率を計算することにより求める。年齢階級別の世帯主割合をみると、一定年齢までは上昇を続け、その後減少することとなる。1995 年には 50〜59 歳および 60〜64 歳の世帯主割合が 55％でピークであったが、高齢世帯の増加を反映して 2014 年には 75〜79 歳世代が 59％でピークとなっている（図 3.4 参照）。

世帯主割合を掛けることで個人ベースに補正した分配データを世帯ベースの分配データと比較すると、個人ベースに補正したデータの方が 60 歳代、70 歳代で分配ウェイトが高くなっている（図 3.3 参照）。これは、世帯主割合が高い世代の方が[33]、より多額の資産を保有していることが反映された結果であると考えられる。

(4)「消費支出」「その他社会保障」「受贈金」

「消費支出」「その他社会保障」「受贈金」のデータについては、世代別の個人ベースのデータがないため、『全国消費実態調査』の世帯ベースのデータを個人ベースに補正することで用いる。以下では、補正の手法について説明する。

はじめに、世帯ベースのデータである「消費支出」「その他社会保障」「受贈金」を 20 歳以上の世帯人員数で割ることで世帯主の年齢階級別世帯の 20 歳以上の 1 人当たりの受益・負担額を求める。20 歳未満の人数を考慮しないのは、20 歳未満の未成年が「消費支出」を行う場合であっても、実際の消費税負担は親世代が負うと考えるためである[34]。「その他社会保障」の児童手当については、子世代の受益と考えることも可能であるが、ここでは児童手当を受け取る親世代の受益と仮定する。

次に、各世代の人口がどの世帯主の年齢階級に属するかを考える。『世帯の家族類型別、世帯主の男女年齢 5 歳階級別一般世帯数および割合』では、一般世帯の総数が、「単独世帯」「夫婦のみの核家族世帯」「夫婦と子の核家族世帯」「ひとり親と子の核家族世帯」「その他世帯」の 5 類型に分類されている[35]。本節では、各世代人口のうち年齢と同じ世帯主の年齢階級に属するのは、世帯主とその配偶者（世帯主数に「夫婦のみの核家族世帯数」「夫婦と子

の核家族世帯数」「その他世帯」の3類型の合計を加えることにより算出）であると仮定して推計する[36]。

　各世代の人口のうち、年齢と同じ世帯主の年齢階級に属さない人については、65歳未満は親世代と同居とみなし30歳上の世代、65歳以上は子世代と同居とみなし30歳下の世帯主の年齢階級に属すると仮定する。親世代または子世代の世帯主の年齢階級に属する人については、当該年齢階級の1人当たりの「消費支出」「その他社会保障」「受贈金」に従うこととする。最後に、年齢と同じ世代の世帯主の年齢階級に属する人の割合と親世代または子世代の世帯に属する人の割合を計算し、受益・負担のウェイトを加重平均することで世代別の分配データを求める。

　各世代人口のうち同じ世代の世帯主の年齢階級に属する人の割合をみると、1995年には60歳前後がピークでほぼ100％の人が同一世代の世帯主の年齢階級に属していたのに対し、世帯の高齢化を反映して2014年には70歳代がピークとなり100％に近い人が同じ世代の世帯主の年齢階級に属している。また、高齢世代の単身世帯の増加や子世代との同居の減少を反映して、高齢世代において同じ世代が世帯主の年齢階級に属する人の割合が増加している（図3.4参照）。

　個人ベースに補正した「消費支出」「その他社会保障」「受贈金」の分配データをみると、個人ベースに補正した分配データの方が世帯ベースの分配データに比べてフラット化している特徴がある（図3.3参照）。フラット化の要因として、大きく2点考えられる。1つ目は、世帯ベースのデータの世帯人員数の影響が1人当たりの額を計算することで取り除かれるため、平均世帯人員数の多い40歳代、50歳代の額が小さくなることにある[37]。2つ目は、同一世代の世帯に属さない人について親世代または子世代の世帯に属すると仮定して加重平均することで、世代間の分配データの差が均等化されることがある[38]。

第3章 世代会計における受益・負担の世代間分配手法の頑健性の検証　81

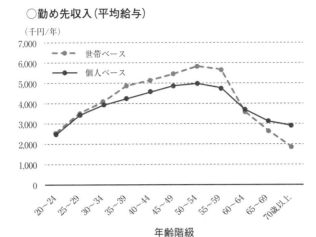

図3.3 個人ベース（実線）と世帯ベース（点線）の分配データの比較①
(出典）本文参照

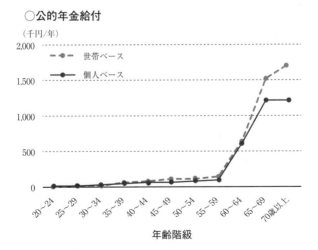

図3.3 個人ベース（実線）と世帯ベース（点線）の分配データの比較②
(出典）本文参照

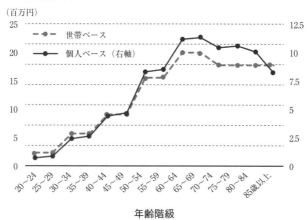

図 3.3　個人ベース（実線）と世帯ベース（点線）の分配データの比較③

（出典）本文参照

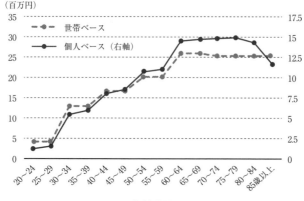

図 3.3　個人ベース（実線）と世帯ベース（点線）の分配データの比較④

（出典）本文参照

第 3 章　世代会計における受益・負担の世代間分配手法の頑健性の検証　　83

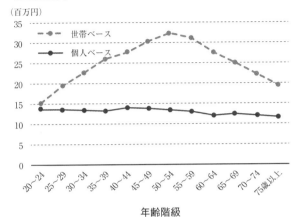

図 3.3　個人ベース（実線）と世帯ベース（点線）の分配データの比較⑤

（出典）本文参照

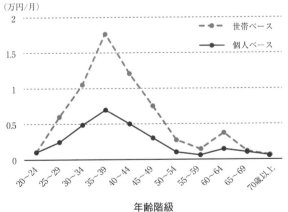

図 3.3　個人ベース（実線）と世帯ベース（点線）の分配データの比較⑥

（出典）本文参照

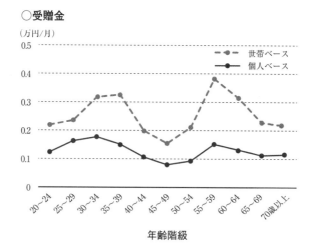

図 3.3　個人ベース（実線）と世帯ベース（点線）の分配データの比較⑦

（出典）本文参照

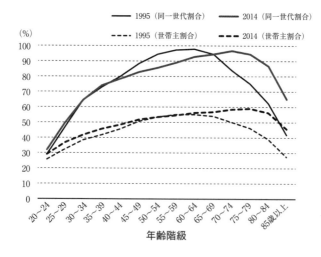

図 3.4　世帯主割合と年齢と同じ世帯主世代に属する割合

（出典）『世帯の家族類型別、世帯主の男女年齢5歳階級別一般世帯数および割合』等より筆者作成

第 3 章　世代会計における受益・負担の世代間分配手法の頑健性の検証　85

4.2　世代会計の推計結果

　個人ベースと世帯ベースの分配データを用いた世代会計の推計結果を比較すると[39]、両者の生涯純負担率にほとんど差がないことがわかる（図 3.5 参照）。両者の推計の差が最も大きい世代でも 1％ポイント程度にとどまり、現在世代と将来世代の間に大きな世代間格差があるという結論が維持される[40]。

　より詳細にみると、60 歳代を中心として世帯ベースの生涯純負担率が若干大きく推計されている。主な受益・負担項目について個人ベースの分配データへの変更の影響をみていくと、受益面では、年金給付の分配ウェイトの変更を反映して、若年世代で受益が若干増加、高齢世代で若干減少となる。これは、特に 70 歳以上の老齢年金の分配ウェイトが個人ベース分配データへの変更により低下したことによる。世帯ベースの分配データを用いた世代会計では、基準年度の年金給付額が 70 歳以上の世代で大きくなっていることを反映して[41]、70 歳以上の生涯純負担率が減少していたが、個人ベースの分配では老齢年金の給付額を基本的に一定としているため、この段

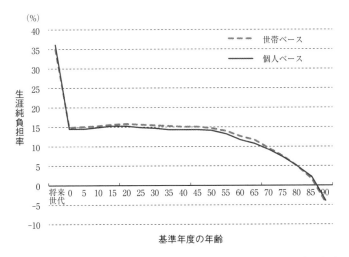

図 3.5　個人ベースと世帯ベースの分配データを用いた場合の生涯純負担率の比較

（出典）筆者推計

差がなくなっている[42]。

負担面をみると、固定資産税、法人税の負担の分配が個人ベースでは高齢世代にシフトすることから[43]、バブル経済の影響で資産価格が高騰した1980年代に若年世代であった40〜60歳代の負担がやや減少する。所得税および社会保険料については、分配データ変更の影響により、若年世代の生涯純負担額が減少し中年世代の生涯純負担額が増加するが、分母の生涯所得も同様の動きとなるため、生涯純負担率への影響は大きくない。

個人ベースの分配データへの変更により、世帯ベースの分配データが世帯構成員（人数、有職者数、年金受給者数）の影響を受けることが確認されたが、各世代の生涯純負担率に大きな差はなく、基本推計の世帯ベースの分配データを用いる手法に一定の頑健性があることが示された。

5　法人税負担の帰着の変更

世代会計は、個人の政府に対する受益・負担を世代別に集計したものであり、すべての負担項目についていずれかの世代の個人に分配する必要がある。企業が支払う法人税については、企業に世代の概念がないため、法人税負担の帰着を考慮して世代間の分配を行うことが一般的であるが、法人税負担の帰着についてはさまざま議論があり結論が定まっていない。本節では、法人税負担の分配について、基本推計の分配手法の妥当性を検証する。

5.1　分配の考え方

以下では、本章における法人税負担の分配の妥当性の検証のベースとなる世代会計の分配の考え方を述べたうえで、法人税負担の帰着についての先行研究を概観する。

5.1.1　世代会計の仮定

世代会計において政府の収入・支出を個人の負担・受益ととらえて各世代に分配する際には、政府への支払者・政府からの受取者の世代に着目して負担を各世代に分配している。また、第2章で述べたとおり、世代会計は、政

府行動の変化が家計の消費や労働に与える影響を考慮しない部分均衡の枠組みであり、政府への支払者が負担者、政府からの受取者が受益者という仮定を置いて、受益・負担を計算している。

例えば、所得税を増税した場合、労働供給や賃金の変化を通じて、企業や消費者が増税の一部を経済的に負担するケースも考えられるが、世代会計の分析では、増税の前後において家計や企業の行動が変化しないという暗黙の仮定を置いて世代別の受益・負担を計算している。

しかしながら、企業が支払者となる法人税の場合、企業に世代の概念がないため、負担をどの世代に分配すべきかという問題が生じる。世代会計においては、すべての政府収入を個人の負担ととらえて世代別に分配することとしており[44]、企業が政府に支払う法人税の負担についてもいずれかの世代に分配する必要がある。

法人税負担の分配にあたっては、誰が最終的に負担しているかを考慮することとなる。一般的に、法人税負担は、最終的には賃金引下げを通じて労働者に帰着、配当の減少を通じて資本家に帰着、商品価格への転嫁を通じて消費者に帰着という3通りの可能性が考えられるが、理論・実証の両面においてさまざまな議論があり、結論が定まっていない。このため、本節では、法人税の帰着についての理論や実証研究を概観したうえで、法人税の帰着の仮定を変更した場合の世代会計への影響を検証する[45]。

5.1.2 法人税の帰着の先行研究

法人税負担の帰着については、Harberger（1962）をはじめとして、多くの先行研究で議論がなされている。法人税の帰着の先駆的な研究であるHarberger（1962）においては、閉鎖経済の下、生産部門を法人税が課される法人部門と法人税が課されない非法人部門の2部門に分けて、国際貿易理論のヘクシャー＝オーリン・モデルの枠組みを応用することで法人税引上げの帰着を分析している。コブ・ダグラス生産関数にみられるように資本と労働の代替の弾力性が1であれば、税負担はすべて資本に帰着するが、それ以外の場合は代替の弾力性によって資本・労働の負担が変化することとなる。

Harberger（1962）のモデルは、先駆的な研究であるが、完全競争、閉鎖経

済、資本・労働の総供給量が一定などの非現実的な仮定が置かれていた。その後の研究において、こうした仮定を修正し発展させたモデルが数多く発表されてきている。

完全競争市場の下では、生産規模の変更ができない短期にはすでに投下された資本に対する収益の減少で吸収され、長期には Harberger（1962）が示すように、法人部門に投下される資本の減少を通じて、労働にも波及する可能性がある[46]。一方、不完全競争市場においては、企業が価格の引上げや賃金の引下げによって対応することができるため、完全市場のケースと比べて、消費者や労働者への転嫁される部分が増加する可能性がある[47]。

また、資本の移動が自由で労働の移動がない開放経済における枠組みにおいて、法人税が引き上げられた場合、国内の資本が海外に移動し、国内の労働供給が過剰となり賃金が低下することとなるため、税負担は労働に帰着することとなる。しかしながら、資本と労働の国際間の移動の仮定や小国の仮定を変更した場合、税負担は労働以外にも帰着することとなる。

実証研究では、Randolph（2006）が、2国モデル、5つの生産部門、3つの生産要素の枠組みで米国を対象とした分析を行い[48]、法人税の負担の約70％が労働に、約30％が資本に帰着することを示した。また、土居（2012）は日本を対象とした分析により、短期的には資本に帰着する割合が大きいが、長期的には100％労働に帰着することを示した[49]。

5.1.3　本章における法人税負担の分配の変更

前述のとおり、法人税負担の帰着については、理論・実証両面において多くの研究がなされてきているが、モデルの枠組みや前提の置き方により結論が異なり、これまでのところ1つの結論に達していない。

このため、第2章の世代会計の基本推計では、現実的には労働と資本の両方に帰着するとの想定の下、労働者と資本家に半分ずつ帰着すると仮定している[50]。具体的には、法人税の総額の2分の1を「勤め先収入」に就業率を掛けて調整した値、残りの2分の1を「貯蓄現在高」により世代間に分配している。

以下では法人税負担の帰着の仮定を労働者100％、資本家100％、消費者

第3章　世代会計における受益・負担の世代間分配手法の頑健性の検証　　89

100％の3通りに変更することにより、法人税負担の帰着の仮定が世代会計に与える影響を検証する。

5.1.4　社会保険料の事業主負担について

　本章では、法人税負担の分配方法の変更が世代会計の推計結果に与える影響について分析を加えるが、社会保険料の事業主負担についても企業が支払者となっており、同様の分配の問題が生じる。社会保険料の事業主負担については、賃金に反映され労働者の負担となるという考え方と企業の利潤の減少によって吸収され最終的には資本家の負担となるという考え方がある。

　日本の実証研究では、Tachibanaki and Yokoyama（2008）が社会保険料の事業主負担の増加は賃金低下をもたらさないという結論を示す一方、Komamura and Yamada（2004）は健康保険料の約90％が賃金に転嫁されるという正反対の結論を示している。岩本・濱秋（2006）は両者の研究の問題点を分析したうえで、事業主負担は賃金に部分的に転嫁するとの結論を示している。最近の研究では、Hamaaki（2016）が、新しいデータを用いた分析により、事業主の負担の大部分が雇用者に転嫁されているとの結果を示している。

　第2章の世代会計の基本推計では、Komamura and Yamada（2004）、Hamaaki（2016）の結論に従い、事業主負担は賃金に転嫁され労働者が最終的に負担するものとして扱うこととしている。[51]

5.2　推計結果

　第2章の世代会計の基本推計では、法人税負担が労働者と資本家に半分ずつ帰着すると仮定している。以下では法人税負担の帰着の仮定を労働者100％、資本家100％、消費者100％の3通りに変更することにより、法人税負担の帰着の仮定が世代会計に与える影響を検証する。

　法人税負担が労働者、資本家、消費者に帰着すると仮定する場合、それぞれ「勤め先収入」（就業率を掛けて調整）、「貯蓄現在高」「消費支出」を用いて世代間に分配することとする。[52]

　分配データの特徴を比較すると、「貯蓄現在高」は高齢世代のウェイトが高く、「勤め先収入」は50歳代にかけてウェイトが高まり、高齢世代のウェイ

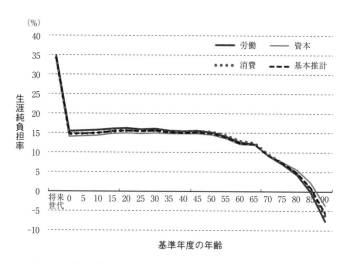

図 3.6 法人税負担の帰着を変更した場合の生涯純負担率

(出典) 筆者推計

トが低くなる。[53)]「消費支出」は 50 歳代がピークとなっているが、「勤め先収入」よりも世代間のウェイトの差が小さくなっている（図 3.1 参照）。

　法人税負担の帰着の仮定を変更した世代会計の推計結果をみると、3 通りのいずれのケースも基本推計の生涯純負担率と大きく変わらないことが確認された（図 3.6 参照）。詳細にみると、法人税負担が労働者に帰着するとしたケースでは若年世代の生涯純負担率が若干大きくなり、[54)] 資本家に帰着するとしたケースでは高齢世代の生涯純負担率が若干大きくなる。[55)] 消費者に帰着するケースでは、両者の中間となり、基本推計の生涯純負担率とほぼ同一となる。

　全体としてみると、法人税の帰着の仮定の変更が世代会計に与える影響は小さく、労働者と資本家が半分ずつ負担すると仮定している基本推計の法人税負担の分配手法の頑健性が確認されたと考えられる。

6　所得税の累進構造の反映

　第 2 章における世代会計の基本推計では、所得税負担の分配に『全国消費

実態調査』の勤労者世帯の世代別の「勤め先収入」に就業率を掛けて調整した値を用いている。この分配手法は、所得税負担額が所得額と比例的であるとの前提に立っている。しかしながら、実際の所得税は累進構造となっており、高所得者層が多い世代では、当該世代の所得額のウェイトよりも所得税負担額のウェイトが大きくなる可能性が考えられる。

このため、所得税負担の分配手法の妥当性を検証するため、所得税の累進構造を反映した世代会計の推計を行う。所得税の累進構造を反映させるためには、世代別の所得分布データが必要となる。

本章では、厚生労働省『賃金構造基本統計調査』の世代別の所得分布データを用いて、各年における世代別の所得税の実効税率を算出し、実効税率と「勤め先収入」を掛け合わせた値を就業率で調整することにより世代別の所得税負担額を推計する。

『賃金構造基本統計調査』により世代別の所得分布データが得られるのは、2001 年以降であるため、2000 年以前は 2001 年の世代別の所得税の実効税率で一定として推計を行う。[56] このほか、① SNA および国税庁統計情報から算出される「所得富等経常税（個人）」のデータは所得税と住民税の合計であるが、本章では全額所得税として累進構造を適用している、[57] ②所得税の各種控除を考慮していない、[58] ③『賃金構造基本統計調査』のデータは所定内給与であり所定外給与（残業代）および賞与が考慮されない問題がある。①～③の問題および過去分データの制約があるため、推計結果は厳密なものではなく、所得税の累進構造が世代会計に与える大まかな影響をみることにより、基本推計における所得税負担の分配手法の妥当性を検証する。

はじめに、所得税の累進構造の分析手法を説明する。『賃金構造基本統計調査』における世代別の所得分布データを利用し、[59] 世代別の所得税の実効税率を求める。具体的には、各所得階級に属する人が当該階級の中央値の給与を得ていると仮定して、[60] 税率表から各所得階級に属する人の所得税率を計算する。各所得階級の「所得額（階級の中央値）×所得税率×階級に属する人数」を合計することにより、世代全体の支払税額を推計する。世代全体の支払税額を各所得階級の「所得額（階級の中央値）×階級に属する人数」の合計で求められる世代全体の所得額で割ることにより、世代別の実効税率を求め

る。適用する所得税率は、表 3.1 で示す各年の所得税率に従う⁶²⁾。

　所得税率については、1999 年まで一貫して所得区分を減らすことにより簡素化が図られてきたが、2007 年の税率変更では所得区分を増加させることによる累進構造の強化が行われた。2007 年の税率変更により、年間所得が 195 万円以下の区分に属する人は所得税率が 10%から 5%に軽減される一方、695 万円を超える所得に対する税率は 3%ポイントの税率引上げとなった。

　計算した世代別の所得税の実効税率をみると、全体的に所得水準の高い中年世代の方が若年世代に比べて実効税率が高くなっている（図 3.7 参照）。また、2007 年の所得税率の変更により、実効税率が低下するとともに累進構造が強化されたことが示された。

　世代会計の推計にあたっては、世代別の所得額に実効税率を掛けた所得税負担額を所得税の分配データとして用いることにより、所得税の累進構造を反映させた推計を行う。

　世代会計の推計結果をみると、基本推計との差異はほとんどなく、各世代でほぼ同一の生涯純負担率となった（図 3.8 参照）。より詳細に分析するため、各世代の所得税の累進構造を反映させた推計と基本推計の差を図 3.9 に示した。20 歳代以下の世代で 0.2〜0.3%ポイント程度、60 歳前後の世代で 0.1%ポイントの生涯純負担率の低下がみられる。これは、図 3.7 でみたように、所得税の累進構造を反映させた場合、平均的な所得水準が低い世代の所得税負担のウェイトが低く推計されること、および 2007 年の所得税率の変更により低所得者層の実効税率が低下し累進構造が強化されたことの影響によると考えられる⁶³⁾。

　このように所得税の累進構造の反映により、各世代の生涯純負担率が若干増減するものの、基本推計との差異は最大 0.3%ポイント程度であり、世代会計の推計結果に与える影響はわずかである。累進構造の反映により、図 3.7 で示すような分配ウェイトの修正が行われるにもかかわらず基本推計との差異がわずかである理由としては、人生の一時点ではなく生涯にわたる純負担率を計算するため影響が緩和されることに加え、所得税負担の分配ウェイトの全面的な見直しではなく累進構造の反映による修正にとどまることが

ある。[64]

　基本推計の所得税負担の分配手法の頑健性の観点からみると、分析手法に前述の①〜③の問題点があり推計結果は厳密なものではないが[65]、所得税の累進構造が世代会計に与える影響は非常に小さく、基本推計の所得税の分配データの一定の頑健性が確認されたと考えられる。

表 3.1　所得税率の推移

単位：％、万円

1999 年	2007 年	2015 年
10　（〜330）	5　（〜195）	5　（〜195）
20　（〜900）	10　（〜330）	10　（〜330）
30　（〜1,800）	20　（〜695）	20　（〜695）
37　（1,800〜）	23　（〜900）	23　（〜900）
	33　（〜1,800）	33　（〜1,800）
	40　（1,800〜）	40　（〜4,000）
		45　（4,000〜）

（注）括弧内は当該税率が適用される所得を示す

（出典）財務省ホームページより作成

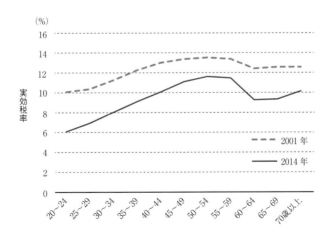

図 3.7　世代別の所得税の実効税率

（出典）筆者推計

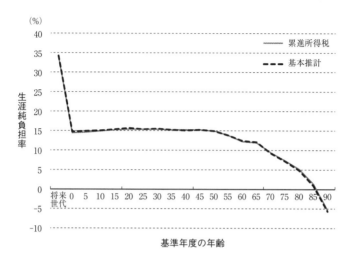

図 3.8　所得税の累進構造を反映した生涯純負担率

(出典) 筆者推計

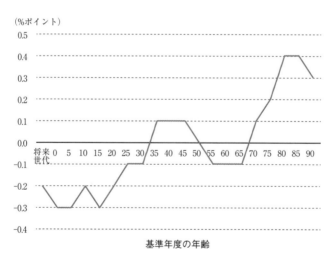

図 3.9　所得税の累進構造を反映した推計と基本推計との生涯純負担率の差

(出典) 筆者推計

7 おわりに

本章では、第2章で示した世代会計の手法をベースとして、2009年調査の分配データを用いた世代会計の推計を行い、分配データを変更した影響を分析するとともに、個人ベースの分配データへの変更を行った世代会計を推計することで分配手法の頑健性の検証を行った。また、個別の負担項目の分配手法の頑健性を検証するため、法人税負担の帰着の変更、所得税の累進構造の反映を行った世代会計の推計を行った。

『全国消費実態調査』の2009年調査のデータへの変更を中心とする分配データ変更の影響については、ほとんどの分配データが安定的で大きな変化はなく、分配データ変更が各世代の生涯純負担率に与える影響はわずかであることが確認された。

日本の世代会計の先行研究の多くは『全国消費実態調査』の世帯ベースの分配データを用いている。本章では、個人ベースの分配データを用いた世代会計を推計することにより、世帯ベースの分配データを用いる妥当性を検証した。推計結果をみると、個人ベースの分配データを用いた場合と世帯ベースの分配データを用いた場合で、各世代の生涯純負担率に大きな差がなく、世帯ベースの分配データを用いる手法に一定の頑健性があることが確認された。

また、第2章の基本推計では、法人税負担については労働者と資本家に半分ずつ負担すると仮定するとともに、所得税負担については所得額に比例すると仮定していた。これらの仮定の妥当性を検証するため、法人税の帰着の仮定を変更した世代会計の推計、所得税の累進構造を反映した世代会計の推計を行った結果、基本推計との生涯純負担率の差は小さく、法人税・所得税負担の分配手法の頑健性が確認された。

注

1) 消費税は、消費額に対する税率が原則一定であることから、負担額が消費支出に比例するとの仮定は一定の妥当性があると考えられる。

2) 第2章の世代会計の基本推計では、SNAの「所得・富等に課される経常税」を国税庁ホームページの統計情報(長期時系列データにおける申告所得税と源泉所得税の合計と法人税の比率)を用いて個人分と法人分に分配している。本章では、個人分を「所得税」、法人分を「法人税」と表記する。

3) 年齢階級別の就業率は、総務省『国勢調査』の年齢階級別の「就業者数」を「人口」で割ることで計算した値を用いている。

4) 吉田(2006)、増島・島澤・村上(2009)、増島・田中(2010a)、島澤(2013)をはじめとする多くの先行研究では、主に世帯ベースの分配データが用いられている。

5) 個人ベースの分配データが入手可能でない受益・負担項目については、『全国消費実態調査』の世帯ベースの分配データを個人ベースに補正することにより、世代会計の推計を行う。

6) 「貯蓄現在高」「住宅・宅地資産額」については単身世帯を含む総世帯の資産額を用いているが、「勤め先収入」「消費支出」「公的年金給付」「その他社会保障」「受贈金」については、過去分のデータの制約から2人以上世帯の1か月の収入・支出額を用いている。また、「勤め先収入」「公的年金給付」「その他社会保障」「受贈金」については、データの制約から勤労者世帯のデータを用いており、就業率で調整する「勤め先収入」以外は、調整を行っていない。

7) 法人税負担については、最終的な帰着についての議論があるが、第2章の基本推計では労働者が半分、資本家が半分負担すると仮定している。法人税負担の帰着を変更した場合の影響については、第5節で分析する。

8) 介護保険料については、介護保険制度を反映して40歳以上が保険料を負担すると仮定している。

9) 生涯所得の計算にあたっては、所得は労働所得のみと仮定し、毎年度の国民所得の額を「勤め先収入」を就業率で調整した値を用いて世代間に分配している。

10) 『全国消費実態調査』は世帯データであり、世帯構成員の人数の差も影響していると考えられる。この点については、第4節で分析する。

11) 遺族年金等の受給者が多くなることから、平均給付額は年齢とともに増加する。

12) 図3.1③では高齢世代の増加が目立つが、増加率でみると若年世代の方が高くなっている。

13) 世代会計では、政府の収入・支出の各項目の総額はSNAデータを用いるため、分配データについては額ではなく各世代のウェイトが重要となる。

14) 『全国消費実態調査』では、雇用保険法に基づく給付と他の社会保障給付の額しか示されていないが、SNAデータから家庭・児童にかかる現金給付額が大幅に増加していることがわかる(2009年度3.3兆円→2014年度5.3兆円)。

第3章　世代会計における受益・負担の世代間分配手法の頑健性の検証　97

15)　「受贈金」には、結納金、遺産相続金、見舞金、祝金、香典などが含まれる。遺産相続金が含まれるものの、若年世代の受贈金は相続以外の項目の影響が大きいと考えられることや、実物資産による相続額が反映されないといった問題点がある。

16)　「貯蓄現在高」は負債を控除しない総額ベースの値を用いている。「貯蓄現在高」は、株式のほか預貯金や生命保険など金融資産全般を含むが、金融資産を多く保有する世代は株式も多く保有するとの前提に立っている。

17)　「貯蓄現在高」および「住宅・宅地資産額」は1989年以降の5年刻みのデータであり、データの存在しない1988年以前は1989年の分配比率と等しいと仮定する。なお、5年刻みのデータのない年は、5年間の伸び率が一定となるように補完する。

18)　「医療給付」の受益については、世帯ベースではなく個人ベースのデータであり、0～19歳の子ども世代にも分配している。

19)　50歳、60歳世代の生涯純負担率の上昇は、児童手当の増加によるその他社会保障の受益の分配が若年世代にシフトしたことで半分程度説明可能であり、残りの半分は年金・医療・介護の高齢世代のウェイトが増加したことでほぼ説明可能となる。

20)　第1章で述べたとおり、吉田（2006）、増島・島澤・村上（2009）、増島・田中（2010a）、島澤（2013）では、主に世帯ベースの分配データが用いられている。個人ベースの分配データを用いた研究としては、鈴木（1999）があり、公表されている諸統計を活用して一定の仮定を置くことにより、受益・負担を各世代に分配し、世代会計を推計している。

21)　吉田（2006）は、「可能であれば個人レベルでの所得・支出データを用いることが望ましい。しかし、日本では個人単位の消費、所得データは十分に整備されていない」と述べている。島澤（2013）は、「世帯主としての個人と非世帯主の個人とでは当然所得や消費パターンに違いがあるが、個人単位のデータが利用できないわが国にあっては、世帯主のデータでの代用は次善の策と言える」と述べている。

22)　第2節で述べたとおり、医療給付、介護給付の分配に用いるデータである『国民医療費』『介護給付費実態調査』は個人ベースのデータである。

23)　比較のベースとなる『全国消費実態調査』の世帯ベースのデータ（「勤め先収入」「消費支出」「公的年金給付」「その他社会保障」「受贈金」）については、基本推計で用いている「2人以上世帯」のデータではなく単身世帯を含む「総世帯」のデータを用いることとする。詳細は後述。

24)　『民間給与実態統計調査』の「1年勤続者の年齢階層別給与所得者数・給与総額・平均給与」から時系列データを入手した。

25)　1977年以前については、1978年の世代間の分配データで一定として推計を行う。2006年以前は、60歳以上の世代の「平均給与」のデータがないため、2007年の「平均給与」の55～59歳世代に対する比率で一定として推計を行う。

26)　基本推計と同様、就業率を掛けて調整を行うため、高齢世代の税・社会保険料の負担のウェイトは年齢とともに減少することとなる。

27)　ただし、高齢世代では個人ベースの給与額が世帯ベースの給与額を上回ってお

98

り、有業者数以外の要因の影響も大きいと考えられる。

28) 『平成26年財政検証結果レポート』の「第2-2-8表 厚生年金年金額の推移」および「第2-2-11表 国民年金年金額及び一時金額の推移」のデータを用いる。

29) データの制約から共済年金は考慮しない。

30) データのない1966～1969年については、各年の伸び率が等しくなるように補完する。

31) 厚生労働省『厚生年金・国民年金の概況』から計算した60～64歳の受給権者の平均支給額の65歳以上の受給権者の平均支給額に対する比率を掛けることで調整を行っている（比率は2001年の0.89から2014年の0.55に段階的に低下する結果が得られている）。

32) 年齢階級毎に比例的に支給額が増加する仮定は、『全国消費実態調査』の勤労者世帯の20～59歳の年金受給額のデータとも概ね整合的である（『全国消費実態調査』は世帯ベースのデータであるが、非老齢年金については、1世帯で複数人が受給しているケースは稀であり、1世帯1人が受給しているケースがほとんどであると考えられる）。

33) 世帯主割合は、25歳未満の30%から70歳代の59%まで上昇し、85歳以上は46%に低下する。

34) 未成年の税負担は成人の世帯構成員が等しく負担すると仮定していることとなる。

35) 「その他世帯」は3世代世帯が中心であることが注書きで示されている。

36) 現実には年齢差がある結婚は少なくないと考えられるが、ここでは単純化のため世帯主と配偶者が同じ年齢階級に属する仮定を置いている。

37) 「消費支出」のフラット化の影響のほとんどがこの要因により説明できる。「消費支出」については、本章の仮定では子世代の支出が親世代の額に上乗せされる一方、世帯人員数が多い方が1人当たりの支出額が抑えられるため、世代別1人当たりの消費支出がほぼ一定になったと考えられる。

38) 「その他社会保障」「受贈金」については、1つ目の世帯の人員数の要因を調整することでフラット化し、2つ目の加重平均によりさらにフラット化する結果となった。

39) 第2章の基本推計の「勤め先収入」「消費支出」「公的年金給付」「その他社会保障」「受贈金」については、『全国消費実態調査』の2人以上世帯の収入・支出を用いている。本節の、個人ベースの分配データを用いた世代会計の推計では、「消費支出」「その他社会保障」「受贈金」について単身世帯を含めて世帯主割合、年齢と同じ世帯主の年齢階級に属する人の割合を推計していることから、2人以上世帯ではなく総世帯のデータを用いて世代会計の推計を行う必要がある。総世帯ベースの分配データには1998年以前のデータが遡及できない問題があるが、個人ベースの分配データを用いた世代会計と比較のベースを合わせるため、比較のベースとなる基本推計においても総世帯のデータを用いて推計を行うこととする（データが遡及できない過去分については、データが入手可能な一番古い年の分配ウェイトで一定と仮定する）。

40) 0歳世代と将来世代の生涯純負担率の差は、世帯ベースの23.4%ポイントから25.0%ポイントにわずかに拡大している。

41) 既裁定年金は物価スライドのため、基準年度の年金給付水準の差が生涯にわたり

第3章　世代会計における受益・負担の世代間分配手法の頑健性の検証　　99

　　影響することとなる。

42)　若年世代については、遠い将来に受け取る70歳以上の老齢年金のウェイトが減少
　　することから、割引率の影響が小さくなるため、年金給付の受益が若干増加する。

43)　固定資産税については「住宅・宅地資産額」、法人税の2分の1については「貯蓄
　　現在高」を用いて世代間に分配している。

44)　なお、政府支出については、第2章で説明したとおり、個人の受益とみなすこと
　　ができる「移転支出」と個人の受益とみなさない「非移転支出」の2つに分けて扱う
　　こととしている。

45)　所得税などの個人が支払う税についても、一般均衡の枠組みにおいて経済的な帰
　　着を考慮して税負担等を分配することも考えられる。しかしながら、そもそも世代
　　会計が部分均衡の枠組みの分析であるため、本節では法人が支払者となる法人税に
　　絞って分析を行う。

46)　前述のとおり、資本と労働への影響の大きさについては、生産要素の代替の弾力
　　性による。

47)　マスグレイブ（1983）参照。

48)　5つの生産部門は、完全代替の貿易財を扱う法人部門、不完全代替の貿易財を扱
　　う法人部門、非貿易財を扱う法人部門、貿易材の農産物を扱う非法人部門、住居や
　　小売りなどの非貿易財を扱う非法人部門を想定している。3つの生産要素は、労働、
　　資本および（農業のための）土地を想定している。

49)　土居（2012）において、長期的に法人税負担が100％労働に帰着する理由は、定常
　　状態の利子率が法人税率に依存しない一方、賃金率が資本労働比率に依存し、資本
　　労働比率が法人税率に影響を受けるように定式化されていることにある。

50)　世代会計における法人税負担の帰着の仮定について、先行研究により扱いが異な
　　る。増島・島澤・村上（2009）、増島・田中（2010a）は資本家に、島澤（2013）は労
　　働者に、鈴木（1999）は労働者と消費者に半分ずつ帰着させている。

51)　社会保険料の事業主負担は、医療・介護の社会保険料負担のうち事業主が負担する
　　2分の1の分配に影響するものであり、仮に分配手法を変更したとしても結論の頑健
　　性は維持される。

52)　労働者に帰着するケースは所得税、消費者に帰着するケースは消費税と世代間の
　　負担の分配ウェイトが等しくなる。

53)　高齢世代では就業率が低下するため、高齢世代の分配ウェイトがさらに低くなる。

54)　若年世代にとって法人税が近い将来の負担となるため割引率の影響が小さくなる
　　ことから、生涯純負担率が若干大きくなる。高齢世代は、若年世代に負担した過去
　　分の法人税負担が少なく推計されることから、生涯純負担率が若干小さくなる。

55)　若年世代は遠い将来に法人税負担が先送りされ割引率の影響が大きくなることか
　　ら、生涯純負担率が若干小さくなる。高齢世代は、過去分の法人税負担が大きく推
　　計されることから、生涯純負担率が若干大きくなる。

56)　2000年以前の世代別の所得構造の変化や所得税率の変更を反映しないこととな

り、過去分の負担の推計が現実と乖離する可能性があるが、データの制約によりやむを得ない。

57) 本章でいう「所得税」は、SNA の「所得・富等に課される経常税」を国税庁ホームページの統計情報を用いて個人分と法人分に分配したうちの個人分である。

58) 所得税の控除については、上村（2012）、上村（2014）において1人あたり所得控除による税収ロスについて詳細な分析がなされている。こうした先行研究を参考に所得階級毎に控除額を差し引く調整も考えられるが、本章では簡略化のため、各種控除について補正を行わず大まかな推計を行うこととしている。

59) 『賃金構造基本統計調査』の「第3表年齢階級、所定内給与額階級別労働者数及び所定内給与額の分布特性値」からデータを入手した。なお、『賃金構造基本統計調査』は1か月の所得であるため、これを12倍することにより年間所得に換算する。

60) 年間所得 1440 万円以上の所得階級については、厚生労働省『国民生活基礎調査』の世帯別データによると年間所得 2000 万円以上の世帯は全体の1%程度とわずかであることから、上限値を 2000 万円として推計を行う。

61) 『賃金構造基本統計調査』の世代別の所得分布データが存在しない 2000 年以前については 2001 年の世代別の実効税率で一定と仮定する。

62) 表 3.1 で示す税率は、括弧内の所得額を超えるまでの所得に対しては、当該区分の税率が適用される。すなわち、2007 年以降に年間所得 300 万円のケースでは、195 万円までの所得に対して5%、195 万円を超える所得に対して 10%の所得税率が適用される。

63) 若年世代については、所得水準が高くなる中年世代以降の所得税負担がより大きく割り引かれるため、生涯純負担率が低下することになると考えられる。60 歳前後の世代については、所得水準が低下する 60 歳代の所得税負担が小さくなることに加え、2007 年の所得税の税率変更（累進構造の強化）以前に所得水準の高い世代を過ごしたことにより、生涯純負担率が低下することになると考えられる。

64) 基本推計における 2014 年度の個人所得課税は 29.3 兆円で、利子を除く政府収入 101.2 兆円の約3割を占める。基本推計における 2014 年度の法人所得課税が 16.9 兆円であるにもかかわらず、前節の法人税負担の帰着を変更したケースと比べて影響が小さいのは、法人税の帰着の変更は分配ウェイトの全面的な見直しにつながるのに対し、所得税の累進構造の反映は分配ウェイトの一部修正（実効税率でみると最大5割程度の差）にとどまるからであると考えられる。

65) 所得税の各種控除の考慮について、上村（2012）で示された 2010 年における所得階級毎の1人あたり所得控除による税収ロスの額を所得階級ごとに推計した税額から差し引く簡便な方法により世代会計を推計し、各種控除を考慮しない場合と推計結果にほとんど違いがないことを確認した。より厳密な手法により所得税の各種控除を反映した推計については、今後の課題としたい。

第4章

遺産を考慮した世代間格差の分析

1 はじめに

　本書の世代会計の分析を含む日本の世代会計の推計では、少子高齢化による社会保障給付を中心とした財政赤字の増加が国債発行という形で将来世代に先送りされることから、現在世代と将来世代の間に大きな世代間格差があることが示されている。

　しかしながら、Barro（1974）の利他的遺産動機を前提とした中立命題が成立する世界では、政府が国債発行によって将来世代の負担を増加させる政策を採用した場合、遺産を同額だけ増加させる形での現在世代から将来世代への世代間移転が図られることから、将来世代の政府に対する負担増が相殺されることとなる。

　仮に利他的遺産動機が存在せず[1]、死亡時期の不確実性から偶発的に遺産を遺すという考え方に立つ場合でも、少子高齢化が進展する社会では遺産を受け取る世代の人口が少なくなるため、1人当たりの遺産受取額が大きくなる可能性がある。人口が少ない世代は、賦課方式による社会保障の公的負担が増加することとなるが、公的負担の一部が民間部門の世代間移転である遺産受取の増加により相殺される可能性が考えられる。

　世代会計の枠組みでは、個人の政府に対する受益・負担に着目しており、遺産などの民間部門の世代間移転が推計に反映されないこととなる。本章では、民間部門の世代間移転の中心である遺産を考慮することにより[2]、遺産を含めた受益・負担の世代間格差の現状を分析する[3]。

102

　本章の構成は以下のとおりである。第2節では先行研究と本章の位置づけを述べ、分析手法とデータについて説明する。第3節では推計結果を示し、第4節では結論と残された課題を述べて締めくくる。

2　遺産の影響の分析手法

　本節では、これまでの世代会計と遺産についての議論に触れつつ、本章の位置づけを明確にしたうえで、遺産による世代別の受益・負担の分析手法やデータについて説明する。

2.1　先行研究と本章の位置づけ

Auerbach, Gokhale and Kotlikoff（1991）により世代会計が提唱されて以降、公的な世代間移転を計測した世代会計と民間部門の世代間移転である遺産との関係については、さまざまな議論が展開されている。

　例えば、Cutler（1993）は将来世代のことを配慮する家計が存在する下では世代会計は意味を持ちにくいと主張し、これに対し Kotlikoff（1997）は、Barro（1974）の中立命題を否定する研究はすでに非常に多く存在していることを示し、世代会計は意味を失うことはないと反論している。[4]

　日本の世代会計の先行研究においても、麻生（2001）は「家計がバロー的な遺産動機を持つ場合、公的な世代間移転は遺産によって相殺されてしまうので、世代会計による分析は意味を持たなくなる」としたうえで、「過去の実証研究の多くはバロー的な遺産動機よりもライフサイクル仮説を支持している」と指摘している。吉田（2011）は、高齢化による若年世代から高齢世代への公的な所得移転が遺産・贈与を通じた私的な所得移転により相殺される可能性を指摘し、遺産・贈与を通じた私的な所得移転が重要な意味を持つと述べている。

　このように先行研究において世代会計と遺産についての定性的な議論はなされているものの、遺産による民間部門の世代間移転を考慮した定量的な分析はほとんどみられない。

　宮里（1998）は、遺産を考慮した OLG モデルを用いた分析により[5]、世代

を 20～70 歳代の 6 世代に分けて、遺産の各世代の純負担に与える影響を推計している[6]。宮里（1998）では、遺産を遺すことで効用を得る個人による効用関数を仮定し[7]、遺産動機の存在が将来世代の生涯負担額を大幅に減少させることを示している。

　本章は、世代会計の手法を援用して、遺産による民間部門の世代間移転を考慮することにより、世代別の受益・負担にどのような影響を与えるか定量的に示すことを目指す[8]。これにより、世代会計の推計結果が示す現在世代と将来世代の大きな世代間格差が、遺産を考慮した場合でも改善が必要な状況にあるかを検証する。

2.2　遺産による世代別の受益・負担の分析手法

　世代会計における「負担」は政府に対する支払い、「受益」は政府からの受取として定義されるが、本章では民間部門の移転である遺産が世代会計の推計結果に与える影響をみるため、「負担」および「受益」の再定義を行う。

　本章では、死亡者が遺す遺産を当該世代の「負担」、生存者が受け取る遺産を当該世代の「受益」とみなして、遺産による世代間移転を定量的に評価する。受け取った遺産と遺した遺産の差額（現在価値ベース）が遺産による「純受益」となり、純受益がプラスの世代は世代会計の公的部門の純負担が相殺されることとなる。遺産による世代別の「純受益」と世代会計の政府に対する生涯純負担の比較を行う。

　比較の手法としては、世代会計の政府に対する純負担から遺産による純受益を控除した世代別の純負担を計算し、世代会計の基本推計結果と比較することにより、世代会計の推計結果の頑健性を検証する。第 2 章で説明したとおり、世代会計における k 年度生まれの人の s 年度における 1 人当たり純負担額 $\overline{T}_{s,k}$ は、次の（1）式のとおり計算される。

$$\overline{T}_{s,k} = \sum_i \tau_{s,k}^i \tag{1}$$

　　$\tau_{s,k}^i$：第 i 番目の受益・負担項目についての k 年度生まれの人の s 年度における 1 人当たり純負担額

各世代の純負担に遺産による受益・負担を考慮するため、世代会計の純負担額から遺産による純受益を控除し、次の (2) 式のとおり遺産を考慮した世代別の純負担額を計算する。

$$\overline{T}_{s,k} = \sum_i \tau^i_{s,k} + b^L_{s,k} - b^R_{s,k} \tag{2}$$

$b^L_{s,k}$　：死亡者が遺す 1 人当たり遺産額

$b^R_{s,k}$　：生存者が受け取る 1 人当たり遺産受取額

なお、比較のベースとなる世代会計の基本推計では、過去分の受益・負担を考慮しているので、現在世代が過去に受け取った遺産受取額を推計し、各世代の受益に加えることにより推計に反映させる[9]。

遺産を考慮した現在世代の純負担額については、次の (3) 式に (2) 式を代入して求める。

$$N_{t_0,k} = \sum_{s=t_0}^{t_0+d} \overline{T}_{s,k}\, P_{s,k} \prod_{i=t_0+1}^{s}\left(\frac{1}{1+r_i}\right) \tag{3}$$

$N_{t,k}$　：k 年度生まれの人が t 年度以降の生涯に負う純負担額の合計（現在価値ベース）

$P_{s,k}$　：k 年度生まれの人の s 年度における人口

d　：生存年齢の上限

(3) 式で求められる現在世代全体の純負担額を世代会計の基本式である次の (4) 式の左辺第 1 項に代入することにより、左辺第 2 項の将来世代の純負担額が計算できる。

$$\sum_{s=0}^{d} N_{t_0,t_0-s} + \sum_{s=1}^{\infty} N_{t_0,t_0+s} = \sum_{s=0}^{\infty} G_{t_0+s} \prod_{i=t_0}^{s}\left(\frac{1}{1+r_i}\right) + D_0 \tag{4}$$

現在世代が将来世代に遺す遺産の分だけ、将来世代の純負担額が減少することとなり、将来世代に先送りされた政府債務による負担の一部が相殺される。

第 4 章　遺産を考慮した世代間格差の分析　　　　　105

（4）式は政府の異時点間の予算制約式から導出されるが、遺産は現在世代間もしくは現在世代と将来世代の間の世代間移転として、左辺における分配を変更するのみであることから、（4）式の右辺の政府の将来にわたる支出と政府純債務を現在世代と将来世代の負担でまかなうというゼロサムの性質は変わらない。

2.3　遺産額の推計

以下では、遺産による世代別の受益・負担の分析に必要となる遺産額の推計手法について説明する。

2.3.1　推計手法とデータ

遺産による受益・負担額を計算するためには、毎年度の各世代の死亡者が遺す遺産額を推計する必要があるが、データの制約のため遺産額の推計は容易ではない。

遺産額の推計の参考となる実証研究としては、世代間移転の個人の資産形成に占める割合を推計した Kotlikoff and Summers（1981）があり、①総資産からライフサイクル資産を差し引いたものを世代間移転の額として求める手法、②年間の世代別資産額に年齢別死亡者数を掛けて合計することで 1 年当たりの遺産額を求め、これに遺産を遺す世代と受け取る世代の年齢ギャップの年数を掛けることにより生涯の遺産額を求める手法により、資産形成に占める世代間移転の割合の推計を行っている[10]。

遺産の授受による世代別の受益・負担を推計するためには、毎年度の世代別の遺産額が必要となる。①の手法は、所得と消費の差額から計算したライフサイクル資産の生涯分の累計をストックの資産額から差し引くことにより求めるため、毎年度の世代別の遺産額が計算されない。一方、②の手法では、年間の世代別の 1 人当たり資産額に死亡者数を掛けることで毎年度の年齢別の遺産額が計算される。このため、本章では、②の遺産額の推計手法を参考に、世代別の 1 人当たり資産額に死亡者数を掛けた額を年齢別の遺産額として推計を行う[11]。

こうして計算された年齢別の遺産額の合計を基準年度の年齢別人口で割っ

たものを現在価値化することにより[12]、現在価値ベースの年齢別 1 人当たり遺産額を求める。現在世代の各世代が遺す遺産額については、現在価値ベースの年齢別 1 人当たり遺産額を基準年度から寿命までの生涯分を合計することで求める[13]。

遺産に関するデータは、相続税の課税対象分は課税価格、税額、相続人数などが国税庁から公表されているが、課税対象となる相続の割合が非常に低いほか[14]、世代別の情報が公表されていない[15]。このため、本章では『全国消費実態調査』の年齢階級別の家計資産額に年齢別死亡者数を掛けることにより遺産額の推計を行う[16]。具体的には、『全国消費実態調査』の金融資産（＝貯蓄－負債）と実物資産を合計することで 1 世帯当たりの家計資産額を計算し、これを世帯人員数で割ることにより年齢階級別 1 人当たり家計資産額を計算する[17]。

こうして求めた年齢階級別 1 人当たり家計資産額に、国立社会保障・人口問題研究所『日本の将来推計人口』（平成 24 年 1 月推計）の年齢別人口から 1 年前の 1 歳若い人口を差し引くことで算出した年齢別死亡者数を掛けることで[18]、毎年度の年齢別の総遺産額を求める。なお、50 歳未満の世代は死亡者数の全体に占める割合が約 6％と多くないこと、遺産を配偶者が相続し世代間移転につながらないケースが多いと考えられることから、本章では遺産を遺す世代は 50 歳以上と仮定する。

『全国消費実態調査』の 1 世帯当たり金融資産額は、SNA や日本銀行『資金循環統計』のマクロ統計に比べて[19]、相当程度小さく推計されることが Takayama and Kitamura（1994）、前田（2015）により指摘されている[20]。世代間移転に関する先行研究では、Campbell（1997）が『全国消費実態調査』の金融資産額を SNA に一致させる調整を行っている。

2014 年の家計資産の総額を比較すると、『全国消費実態調査』から推計した家計資産額は 1315 兆円であり、SNA の家計資産額 2229 兆円の約 6 割にとどまっており、大きな差異があることが確認できる。このため、本章の推計では、『全国消費実態調査』の年齢階級別 1 人当たり家計資産額に各年齢人口を掛けて合計した総資産額が SNA の家計資産額と一致させる調整を行うこととする[21][22]。

第 4 章 遺産を考慮した世代間格差の分析　　107

図 4.1　家計資産額と名目 GDP の推移

（出典）SNA より作成

　Kotlikoff and Summers (1981) などの世代間移転の資産形成に占める割合を主眼とした先行研究では、過去のデータから総資産に対する世代間移転の割合を推計することを目的としているため、将来の家計資産額を推計する必要がない。これに対して、遺産を考慮した世代間格差の分析を行う場合、将来の世代別の遺産額を計算するため将来分の家計資産額を何らかの仮定を置いて推計する必要がある。

　本章では、近年の SNA の家計資産額が名目 GDP と近い動きとなっていることから（図 4.1 参照）[23]、将来についても家計資産額が名目 GDP 成長率で伸びるとの仮定を置く[24]。SNA のデータが存在しない 1968 年以前の過去分の家計資産額についても同様に GDP 成長率で伸びたと仮定する[25][26]。

2.3.2　データの特徴

　『全国消費実態調査』は 5 年ごとの調査であり、家計資産額は 1989 年以降利用可能である。2014 年の世帯主の年齢階級別の 1 世帯当たり家計資産額をみると、図 4.2 のとおり高齢世代が若年世代に比べてより多くの資産を保有する傾向にある。

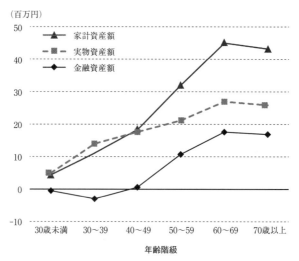

図 4.2　世帯主の年齢階級別1世帯当たり家計資産額

(出典)『全国消費実態調査』より作成

　金融資産と実物資産の別では、住宅ローンを抱える世帯が多いと考えられる40歳代までは金融資産がほぼゼロであり、家計資産額は実物資産額にほぼ等しくなる[27]。50歳代・60歳代になると、実物資産とともに金融資産の蓄積も進み、家計資産額が増加する。70歳以上では、貯蓄の取り崩しを反映して家計資産額がわずかに減少するが、60歳代とほとんど変わらない。

　1世帯当たりの家計資産額の1989年からの推移をみると、図4.3のとおりバブル経済で資産価格が高騰した1989年もしくは1994年から減少傾向で推移している[28]。70歳以上の1世帯当たりの家計資産額をみると、1989年の9000万円から2014年には4000万円程度まで半減している[29]。

　本章の遺産額の推計においては、『全国消費実態調査』の年齢階級別1世帯当たりの家計資産額を世帯人員数で割ることで、1人当たりの遺産額を求める。年齢階級別の世帯人員数をみると、図4.4のとおり60歳代、70歳代では2人程度となっている。仮に、夫婦2人の高齢世帯で夫と妻の死亡時期に差がある場合、それぞれの死亡時にほぼ半分ずつ子世代に遺産が遺されるとして推計が行われることとなる[30]。

　なお、Barthold and Ito（1992）、麻生（1998）のように配偶者相続分につい

第 4 章　遺産を考慮した世代間格差の分析

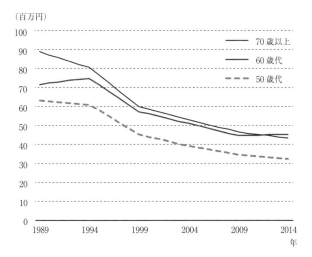

図 4.3　年齢階級別 1 世帯当たり家計資産額の推移

（出典）『全国消費実態調査』より作成

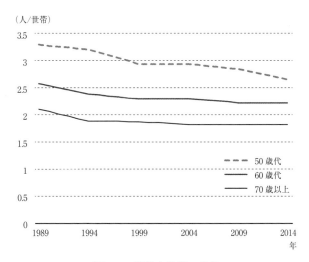

図 4.4　世帯人員数の推移

（出典）『全国消費実態調査』より作成

て補正を行っている研究もある。しかしながら、①死亡時期の違いがあったとしてもいずれかの時点で資産が子世代に相続されると考えられること、②ライフサイクル仮説に従うと配偶者が相続資産を消費することが考えられるものの『全国消費実態調査』の家計資産額は 60 歳以上の世帯でほぼ一定となっていることから、本章では配偶者相続分についての補正は行わず、1 人当たり資産額がそのまま子世代に相続されると仮定する。[31]

　50 歳代世帯の世帯人員数は 3 名弱となっており、夫婦と子ども 1 人が同居する家族構成と仮定すると、夫婦が保有する資産額が過少推計される可能性がある。しかしながら、50 歳代で夫婦どちらかが死亡した場合には、配偶者がほとんどの資産を相続するケースが多いと考えられることから、補正は行わないこととする。

　核家族化や高齢世代の単独世帯の増加を反映して、世帯人員数は減少傾向にある。Hayashi（1986）では、大家族と核家族の属性の違いを反映した分析を行っているが、近年、高齢世代が子の世帯に入る割合が減少していることから、本章では大家族についての補正を行わず、高齢世帯が保有する家計資産が子世代に相続される単純な仮定を置く。

　本章の遺産額は、年齢階級別の家計資産額に死亡者数を掛けることで推計する。2014 年の死亡者数をみると、図 4.5 のとおり 70 歳を超えると急増し 80 歳代がピークとなる。したがって、遺産を遺す世代の中心は 80 歳代となる。

　SNA の家計資産額の推移についてみると、図 4.6 のとおり住宅・宅地資産を中心とする実物資産は、1980 年代後半に急激に増加し 1500 兆円を超えたが、その後減少を続け 2014 年には 1000 兆円程度となっている。一方、金融資産は、現在に至るまで増加傾向で推移し、2014 年には 1300 兆円に達した。[33] 実物資産と金融資産の合計である家計資産をみると、1980 年代までは増加を続けてきたが、1990 年代以降は実物資産の減少が金融資産の増加により相殺され、2000 兆円台前半で安定的に推移している。

2.3.3　マクロの遺産額の検証

　前述の方法により、各年度の年齢別遺産額が推計され、基準年度（2014 年

第 4 章　遺産を考慮した世代間格差の分析　　　　　　　　　　　　　　111

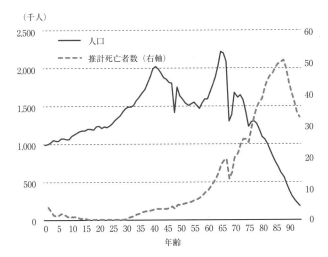

図 4.5　2014 年の年齢別人口と推計死亡者数

(出典)『日本の将来推計人口』より作成

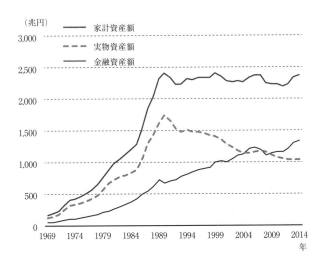

図 4.6　SNA 家計資産額の推移

(出典) SNA より作成

度）の年齢別の遺産額を合計したマクロの遺産額は 45.6 兆円となる。推計方法の妥当性を検証するため、遺産額を推計した先行研究と比較する。

Shimono and Ishikawa（2002）においては、『貯蓄動向調査』を用いて世帯当たり金融資産を計算し、調整を加えたうえで、50 歳以上の男性が死亡すると仮定して 50 歳以上の男性 1 人当たり金融遺産額を推計している。実物遺産額については、SNA データからマクロの実物資産の金融資産に対する倍率を計算し、その倍率を『貯蓄動向調査』で求めた 50 歳以上男性 1 人当たり金融遺産額に掛ける方法で推計している[34)35)]。Shimono and Ishikawa（2002）のデータを用いて、最新の 1994 年におけるマクロの遺産額を計算すると 28.0 兆円となる。本章の推計手法による 1994 年のマクロの遺産額 42.2 兆円を比較すると、本章推計の方が 1.5 倍程度大きく推計されている。この要因としては、本章推計では前述のとおり『全国消費実態調査』から計算したマクロの家計資産額を SNA の家計資産額に合わせる調整を行っていることが考えられる。Shimono and Ishikawa（2002）の表で示されたデータを用いて、仮に『貯蓄動向調査』で得られるマクロの金融資産額を SNA に合わせる調整を行った場合 1.75 倍の推計値になり、非金融資産を含む 28.0 兆円に 1.75 を掛けると約 49 兆円と推計される。

吉田（2011）は、2009 年の『全国消費実態調査』の 65 歳以上の 1 世帯当たりの金融資産と実物資産を合わせた家計資産額（6717 万円）に 65 歳以上の男性死亡者数もしくは 65 歳以上の総死亡者数を掛けることにより、日本における総遺産額を年間 32〜65 兆円程度と推計している。1 世帯当たりの家計資産額を用いていることから、世帯主人口の近似として男性死亡者数を掛けた額（32 兆円）の方が妥当であると考えられる[36)]。32 兆円と本章の推計手法による 2009 年のマクロの遺産額 41.1 兆円を比較すると、本章推計の方が約 9 兆円大きく推計されている。差異については、本章推計において遺産を遺す世代を 50 歳以上から 65 歳以上に変更すると 37.3 兆円となる。さらに、本章推計では前述のとおり『全国消費実態調査』から計算したマクロの家計資産額を SNA の家計資産額に合わせる調整を行っていることを考慮すると、残された差異が説明可能であると考えられる。

本章の遺産額の推計方法については、データの制約から強い仮定を置いた

第 4 章　遺産を考慮した世代間格差の分析　　113

単純な枠組みであるが、『全国消費実態調査』から SNA データへの調整も考慮すると、先行研究の推計結果と比較して大幅な違いはなく、一定の妥当性が確認されたといえよう。

2.4　遺産受取額の推計

　以下では、本章 2.3 で述べた遺産額の推計をベースとして、遺産受取額の推計手法について説明する。

2.4.1　推計手法

　遺産による世代別の受益・負担の推計を行うためには、どの世代がどれだけの遺産を遺すかに加えて、どの世代がどれだけの遺産を受け取るかを決める必要がある。

　本章では、遺産を遺す世代と受け取る世代の年齢ギャップを 30 歳と仮定し、死亡者より 30 歳若い子世代が遺産を受け取ることとする（例えば、90歳→60歳、70歳→40歳、50歳→20歳[37]）。本章では、50歳未満については遺産を遺さず、人々の寿命の上限が 94 歳であると仮定しているので、遺産を受け取る世代は 20〜64 歳になる。

　受け取る遺産額については、1 年間に死亡者が遺す年齢別の遺産額の合計が[38]、30 歳若い世代の遺産受取額の合計と一致すると仮定する。例えば、2014 年に死亡する 80 歳世代が遺す遺産額の合計（約 1.6 兆円）については、50 歳世代が受け取ることとなる。

　こうして計算された年齢別の遺産受取額の合計を年齢別人口で割ったものを現在価値化することにより、現在価値ベースの年齢別 1 人当たり遺産受取額を求める。将来分の年齢別人口については遺産受取時点までにすべての人が生存しているわけではないため基準年度の年齢別人口を用い、過去分については遺産受取後に死亡した同世代の人を含む当該年度の人口を用いる[39]。

　現在世代の各世代が受け取る遺産額については、現在価値ベースの年齢別 1 人当たり遺産受取額を生まれた年度から寿命までの生涯分を合計することで求める。将来世代については、基準年度以降の遺産の授受による現在世代の純負担の増加額の合計が[40]、将来世代の純負担の減少額の合計に一致する。

これを、割引率を考慮した実質的な将来世代人口で割ることにより[41]、遺産受取を通じた将来世代の生涯純負担の減少額を求めることができる。

2.4.2 相続税負担の調整

日本においては、一定の要件を満たす遺産の相続人に相続税が課されることとなる。

第2章の世代会計の基本推計においては、相続税負担を『全国消費実態調査』の「受贈金」を用いて各世代に分配している。しかしながら、「受贈金」には遺産以外の項目が含まれる一方[42]、実物資産の相続分が含まれないことから、遺産受取額の推計値の世代間分布と乖離することが考えられる。

本章では、相続税負担の分配について、遺産受取による受益と整合性をとるため、遺産受取額と比例するように各世代に分配する修正を加える[43]。将来分の相続税額については、基準年度の遺産受取額に対する相続税収の比率で一定になるものと仮定して推計する。

本章の推計では、基準年度の遺産受取額（45.6兆円）に対する相続税収（1.9兆円）の比率は4.1%となる[44]。将来分の遺産受取による受益は、相続税負担の割合である4.1%分を遺産受取額から控除した額として計算することとなる[45]。

3 推計結果

本節では、前節で述べた遺産額・遺産受取額の推計手法やデータに基づき、遺産による世代別の受益・負担を計算するとともに、遺産を考慮した世代別の生涯純負担率を推計し、民間部門の世代間移転である遺産を考慮した場合における世代会計の結論の有効性を検証する。

3.1 遺産による世代別の受益・負担

はじめに、現在世代の各世代の遺産による受益・負担額について分析する（図4.7参照）。負担額については、遺産を遺すことによる負担が遠い将来ほど大きく割り引かれることから、若年世代ほど現在価値でみた負担が小さく

第 4 章　遺産を考慮した世代間格差の分析　　　　　　　　　　　115

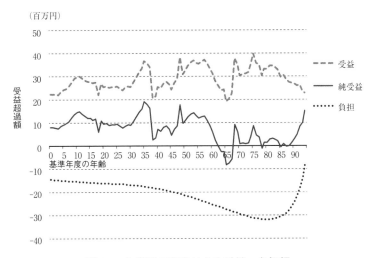

図 4.7　年齢別の遺産による受益・負担額

(出典) 筆者推計

なる傾向にある。[46] 本章の遺産額の推計は、1 人当たり家計資産額をベースとして計算しているため、1 人当たり遺産額は当該世代の人口や子世代の人口に依存しない。

　一方、遺産受取による受益額については、人口動態の変化を反映して、世代間のばらつきが大きく推計される。65 歳前後の第 1 次ベビーブーム世代、40 歳前後の第 2 次ベビーブーム世代といった人口が多いベビーブーム世代は、1 人当たり遺産受取による受益額が小さく推計される。[47] 逆に、ベビーブーム世代より 30 歳年齢が下の 35 歳、10 歳前後の世代は、人口の多いベビーブーム世代が遺す遺産額の総計が大きくなることから、遺産受取による受益額が大きく推計される。[48] このように、世代人口の増減が遺産受取の受益額に大きな影響を与えることが確認された。[49][50]

　負担と受益の差額である純負担額をみると、第 1 次ベビーブーム世代を除いて受益超となっている。特に、若年世代および第 1 次ベビーブームと第 2 次ベビーブームの間の 50 歳代を中心とする人口が少ない世代は 1000 万円を上回る受益超となっている。[51]

　本章の分析から、少子化の進展により親世代よりも人口が少なくなる世代

は1人当たり遺産受取額の増加を通じて、公的部門に対する純負担額が減少する可能性が示された。

3.2 遺産による世代別の受益・負担を考慮した推計結果

遺産を考慮した世代別の生涯純負担率の推計結果をみると、図4.8の実線で示すとおり基本推計と比較して60歳以下の世代で生涯純負担率が2〜8%ポイント程度低下する一方、第1次ベビーブーム世代の65歳の生涯純負担率が若干増加した。この要因としては、少子化を背景とした親世代と比べた人口減少の影響が考えられる[52]。

0歳世代と将来世代の生涯純負担率を比較すると、0歳世代が12.0%、将来世代が33.6%と推計された。将来世代については、現在世代からの遺産受取が受益に反映される分だけ生涯純負担率が低下するが[53]、基本推計からの生涯純負担率の低下幅は大きくなく（0.7%ポイント）、遺産を考慮しても現在世代との間に大きな格差が残ることとなる[54)55]。

遺産を考慮した場合の生涯純負担率の推計により、少子化により人口が少なくなる世代の遺産受取額の増加を通じて、社会保障の公的負担の増加の一

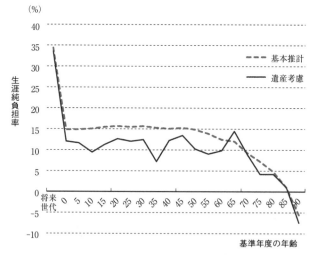

図4.8 遺産を考慮した場合の生涯純負担率

(出典) 筆者推計

部が相殺される可能性があることが示された[56]。しかしながら、遺産を考慮したとしても、現在世代と将来世代の間に大きな世代間格差が残ることが確認された。

3.3 遺産動機との関係

本章における遺産額の推計で仮定しているのは、死亡時の遺産は年齢階級別の1人当たり平均資産額に一致すること、基準年度の家計資産額の年齢別ウェイトが将来にわたり一定であること、家計資産額がGDP成長率で伸びていくことである。本章では、どのような遺産動機があるかを想定しているのではなく、家計資産の成長の調整分を除いた将来の1人当たり遺産額が一定となることを前提として生涯純負担率を推計している。

死亡時の遺産が年齢階級別の平均資産額に一致すると仮定していることから、少なくとも死亡時期の不確実性による偶発的な遺産が存在することは前提としている。仮に、遺産動機が基準年度の家計資産額に影響していれば、その遺産動機が将来も維持されることになる。

日本人の遺産動機については、ホリオカ・山下・西川・岩本（2002）、ホリオカ（2014）をはじめとする実証研究により、遺産動機が絶対的にも国際的にも弱く利己的であるとの結果が示されている。本章の枠組みにおいては、遺産の大部分が死亡時期の不確実性による偶発的なものだとしても、特定の遺産動機を前提としていないため分析が有効であると考えられる[57]。

4 おわりに

世代会計の枠組みでは、個人の政府に対する受益・負担に着目し、遺産などの民間部門の世代間移転が推計に反映されない。先行研究では、Barro（1974）の中立命題の有効性などに関する世代会計と遺産についての定性的な議論はなされているものの、遺産による世代別の受益・負担への影響の定量的な分析はほとんどない。本章では、民間部門の世代間移転である遺産を考慮した世代別の受益・負担の推計を行い、世代間格差の現状を確認した。

推計の結果、人口が多いベビーブーム世代では1人当たりの遺産受取額が

小さくなる一方、ベビーブーム世代の子世代では人口の多い世代が遺した遺産を受け取るため1人当たり遺産受取額が大きくなることが示された。本章の分析により、少子化の進展により親世代よりも人口が少なくなる世代は、遺産受取による受益の増加を通じて少子化による社会保障の公的負担の増加が一部相殺される可能性が示された。

将来世代については、現在世代からの遺産受取が受益に反映される分だけ生涯純負担率が低下するが、基本推計からの生涯純負担率の低下幅は大きくなく、遺産を考慮しても現在世代との間に大きな格差が残ることが示された。遺産を考慮する場合には世代会計は意味がなく世代間格差は問題とならないという主張は妥当でなく、世代間公平の観点から、現在世代と将来世代の世代間格差を縮小させる政策が望ましいと考えられる。

最後に、残された課題を指摘して本章を締めくくる。本章の分析は、民間部門の世代間移転の中心である遺産を考慮した世代別の受益・負担について定量的な分析を行ったことに特徴がある。しかしながら、民間部門の世代間移転には、遺産以外にも生前贈与や教育などの親世代から子世代への移転や介護などの子世代から親世代への移転が考えられる。遺産に加えて教育などを含めた民間部門の世代間移転を考慮した世代間格差の分析を行うことが望ましいと考えられ[58]、今後の課題としたい。

世代会計の枠組みでは、各世代の純負担の平均値に着目しており、世代内の格差について論じることができない[59]。本章の分析では、少子化の進展による遺産受取額の増加により公的負担の増加が一部相殺される可能性を示したが、遺産は資産保有の状況による個人間の格差が大きいと考えられる。このため、遺産に関する政策を議論する際には、世代内の格差にも配慮する必要があると考えられる。

注

1) 日本における利他的遺産動機については、ホリオカ・山下・西川・岩本（2002）、ホリオカ（2014）など、必ずしも実証研究で支持されていない。

2) 民間部門の世代間移転には、遺産以外にも生前贈与や教育などの親世代から子世

第4章　遺産を考慮した世代間格差の分析　　　119

代への移転や介護などの子世代から親世代への移転も考えられる。本章では、民間部門の世代間移転の中心である遺産のみを分析の対象とする。

3)　遺産と世代間公平に関する先行研究は、OLGモデルの枠組みで遺産を考慮した宮里（1998）があるが、世代会計と同様の手法により、遺産による受益・負担を推計した研究はみられない。

4)　第1章参照。民間部門の世代間移転を含む世代会計に対する議論は、吉田（2006）に詳しい。

5)　宮里（1998）では、世代会計の推計も行われているが、遺産の影響についてはOLGモデルを用いた分析を行っている。

6)　遺産が70歳代から40歳代に相続されると仮定している。

7)　宮里（1998）では、遺産額は遺産選好率、限界消費性向、生涯所得の関数であると仮定し、遺産選好率、限界消費性向を一定とすると、遺産額は生涯所得の一定割合となる。

8)　本章の分析では、遺産動機の存在を前提とした効用関数を仮定せず遺産による世代間移転を推計しているため、死亡時期の不確実性から偶発的に遺産を遺すケースでも、分析が有効である。遺産動機との関係の詳細については後述。

9)　一方、死亡者が遺す遺産額の過去分については、基準年度に生存している現在世代が遺したものではないため、基準年度で生存している人が過去に遺した遺産はゼロとなる。

10)　Modigliani（1988）、Kotlikoff（1988）においても、同様の手法により推計が行われている。推計結果については、Kotlikoff and Summers（1981）、Kotlikoff（1988）が米国の家計資産の大きな部分（約8割）が世代間移転によるとした一方、Modigliani（1988）は25%未満でそれほど大きくないとして論争となった。この差異の要因としては、世代間移転からの資本所得をライフサイクル所得に含めているか否か、遺産のみか教育費等の世代間移転を含めるか否かといった違いが指摘されている。日本における資産形成に占める世代間移転の割合を推計した主な先行研究として、Hayashi（1986）、Dekle（1989）、橋本（1991）、Barthold and Ito（1992）、Campbell（1997）、麻生（1998）がある。

11)　吉田（2011）は、『全国消費実態調査』の65歳以上の1世帯当たりの家計資産額に死亡者数を掛けることで日本における総遺産額を年間32〜65兆円程度と推計している。濱本（1992）は、公的年金の世代間格差に関する研究の中で、遺産を75歳以上の1世帯当たりの資産保有額の平均値4438万円を遺産額として、家庭内の世代間移転を推計している。本章における遺産額の推計手法は、これらの先行研究の考え方とも概ね整合的である。

12)　遺産を遺す時点にすべての人が生存しているわけではないが、基準年度に生存している人が遺す遺産額の期待値を求めるため、年齢別の遺産額の合計を基準年度の人口で割ることになる。

13)　過去分の遺産については、同世代のすでに死亡した人が遺したものであり、基準

年度に生存している人は将来のどこかの時点で遺産を遺すこととなるため、過去分の遺産額についてはゼロとして推計している。

14) 2014年の死亡者数に対する課税件数の割合は4.4％となっている（財務省ホームページ）。

15) 世代別のデータがない場合、一定年齢で全員死亡する仮定を置かないと使用が困難である。

16) Barthold and Ito (1992)、宮里 (1998)、麻生 (1998) では、課税対象となる相続とそれ以外の相続に分けて、課税対象分については国税庁統計を用いて推計を行っている。麻生 (1998) は、自己申告に基づく標本調査では、高額資産保有者の回答率が低いことや過少申告になりがちという問題があり、世代間移転の推計が過少推計のおそれがあることを指摘している。本章では、後述のとおり、推計された家計資産額をSNAの家計資産額に一致させる調整を行うため、高額資産保有者のバイアスの問題が緩和されると考えられる。

17) 『全国消費実態調査』の全国＞家計資産に関する結果（純資産）＞総世帯のデータを用いる。

18) 人口には移民による増減が含まれるため、遺産を考慮する観点からは本来死亡者数のデータを用いることが望ましいが、『日本の将来推計人口』には年齢別の死亡者数のデータが存在しない。このため、年齢別人口から1年前の1歳若い人口を差し引くことで死亡者数を計算している。なお、計算される死亡者数がマイナスになる場合はゼロとしている。

19) SNAと『資金循環統計』の金融資産額の差は大きくないことが、Takayama and Kitamura (1994)、前田 (2015) により示されている。

20) 差異の要因として、Takayama and Kitamura (1994) は、富裕層が『全国消費実態調査』への参加を拒否することによるサンプルの偏り、自営業者が事業資金を含めていないこと、SNAの家計部門は残余として計算されることを指摘している。前田 (2015) は、資産・負債の項目別の詳細な差異の分析により、『全国消費実態調査』では手持ち現金や保険・年金の企業側の負担分が金融資産に含まれないことなどを指摘している。

21) SNAの家計資産額を『全国消費実態調査』から算出した年齢階級別のウェイトを用いて各世代に分配していると解釈することも可能である。

22) 実物資産額については、『全国消費実態調査』とSNAに大きな差はないが、本章では実物資産を含めた家計資産全体の総額をSNAと一致させる調整を行う。

23) 1980年代まではバブル経済による資産価格高騰の影響もあり家計資産の伸び率が名目GDP成長率を上回るが、1994年から20年間の平均を比較すると、家計資産の伸び率が0.1％、GDP成長率が▲0.1％でほぼ等しくなっている。

24) 本章の世代会計における経済成長率は生産年齢人口増加率を反映したものとなっているため、将来の生産年齢人口の減少が家計資産額に反映されることとなる。

25) 『全国消費実態調査』の家計資産額のデータは1989年までしか遡ることができない

ため、1988 年以前の世代間の分配ウェイトについては、1989 年の値で一定と仮定する。

26) 仮に SNA の家計資産額への調整を行わなかった場合、『全国消費実態調査』のデータが存在しない 1988 年以前の過去分が GDP 成長率で伸びたと仮定すると、1970〜1980 年代の家計資産額の伸びが GDP 成長率を上回ることから、過去分の家計資産額が過大推計となる可能性がある。

27) 実物資産には住宅・宅地資産と耐久消費財資産が含まれるが、実物資産額のほとんどが住宅・宅地資産額である。

28) 本章の世代会計においては、家計資産額が膨張したバブル経済の時期に遺産を受け取った世代の受益が大きく推計されることとなる。

29) 2009 年調査以前は、70 歳以上の 1 世帯当たり家計資産額が 60 歳代を上回っており、ライフサイクル仮説を反映した高齢期の資産減少が確認できない。

30) 1 世帯当たりの家計資産額を世帯人員数の 2 で割ることとなるため、それぞれの死亡時の遺産は 1 世帯当たりの家計資産額の半分ずつになる。

31) 60 歳代よりも 70 歳以上の世帯の方が、世帯人員数が少なくなることから、1 人当たり家計資産額が大きくなる。

32) データは、SNA のストック編＞制度部門別勘定＞家計（個人企業を含む）から入手した。過去分については、1980〜1993 年分は 93SNA（平成 12 年基準）、1969〜1979 年は 68SNA 基準の値をそのまま用いている（新旧の基準のデータ間に大きな乖離はないことを確認済み）。なお、本章では、『全国消費実態調査』との整合性の観点から、SNA の「正味資産」を家計資産、「非金融資産」を実物資産、「金融資産」から「負債」を控除した額を金融資産と表記する。

33) 『全国消費実態調査』からの推計では、金融資産額が過少推計されるため、実物資産額が金融資産額を上回っているが、SNA では 2000 年代半ばに金融資産額が実物資産額を上回るようになった。

34) Barthold and Ito（1992）においては、相続税の課税対象分と課税対象外分に分けて、遺産額を推計している。課税対象外分については、Shimono and Ishikawa（2002）と同様の考え方で推計を行っている。

35) 推計手法の分析や Barthold and Ito（1992）との比較については、木立（2009）に詳しい。

36) 吉田（2011）は、女性も含めた 65 歳以上の総死亡者数を掛けた 65 兆円について、相続財産総額の最大値としてとらえている。

37) 遺産授受の年齢ギャップを 30 歳とすることは、厚生労働省『人口動態調査』による 2014 年の出産平均年齢が 31.7 歳であることを根拠としている。なお、Kotlikoff and Summers（1981）では、適当な年齢ギャップは不明としつつ、30 歳と仮定することについて孫への相続の可能性も考慮しているとしている。Modigliani（1988）は、25 歳差の方がより妥当な仮定としつつも、Kotlikoff and Summers（1981）と推計の前提を一致させるため 30 歳差としている。Barthold and Ito（1992）など年齢ギャップを 25

年としている先行研究も存在するが、日本の現状を踏まえると 30 歳の方が適当であると考えられる。

38) 遺産額の合計は、年齢階級別の 1 人当たり家計資産額に年齢別死亡者数を掛けることにより求められる。

39) 将来分については、各世代の基準年度に生きている人が受け取る遺産の期待値を求めるため、基準年度の人口で割ることとなる。

40) 現在世代間の遺産の授受は相殺されるため、現在世代の純負担の増加分は、現在世代が将来世代に遺す遺産額に相当する。

41) 世代会計では無限遠の将来を仮定しているため将来世代の人口の総計は無限大となるが、遠い将来世代の純負担については大きく割り引かれるため、割引率を考慮した実質的な将来世代人口は有限の値となる。

42) 「受贈金」には、遺産相続金のほか、結納金、見舞金、祝金、香典などが含まれる。

43) 相続税の控除や累進構造は反映されない。

44) 遺産受取額には課税対象外の遺産も含むため、相続税の課税価格に対する比率（2014 年 12.1％）より大幅に低く推計される。

45) 過去分の相続税収については、SNA の実績値を用いる。なお、過去分の遺産受取額に対する相続税収の比率は、資産価格の変動や税制改正の影響を受けて変化しており、1990 年代前半に 7％まで上昇した後低下し、近年は 3〜4％で推移している。

46) 80 歳の負担額が 3000 万円超であるのに対し、0 歳世代は約 1400 万円となっている。なお、85 歳以上の負担の減少は、本章では寿命の上限を 94 歳と仮定しており 95 歳以上の死亡者数がカウントされないために、遺産額の期待値が小さく推計される影響によるものと考えられる。

47) 本章の手法では、年齢別の遺産受取額の合計を年齢別人口で割ることにより 1 人当たり遺産受取額を計算するため、人口の多い世代の 1 人当たり遺産受取額が小さくなる。

48) 本章では、遺産を遺す世代と受け取る世代の年齢ギャップを 30 歳と仮定しているため、第 1 次ベビーブーム世代と第 2 次ベビーブーム世代の年齢ギャップより大きくなっている（1970 年の出産平均年齢は 27.5 歳）。仮に年齢ギャップを 25 歳と仮定すると、30〜40 歳代の受益額の変化が緩やかになる。

49) 基準年度の 48 歳はひのえうまの影響で人口が少なかった世代である。このため、1 人当たりの遺産受取による受益額が大きくなっている（図 4.7 参照）。また、48 歳世代より 30 歳若い 18 歳世代は、48 歳世代が遺す遺産の総額が少なくなることから、受益額が小さくなっている。

50) 趨勢的な少子化傾向にもかかわらず、図 4.7 の受益のグラフが左上がりにならないのは、①高齢世代について、家計資産額が膨張したバブル経済の時期に遺産を受け取っている影響から受益額が大きく推計されること、②若年世代について、割引率の影響により現在価値でみた遺産受取額が小さく推計されることの 2 つの影響が考えられる。

第 4 章　遺産を考慮した世代間格差の分析　　123

51)　若年世代については、遠い将来の受益・負担ともに割り引かれるため、純負担額への割引率の影響が小さくなる。

52)　人口動態の影響のほか、遺産を遺す「負担」が遺産受取の「受益」よりも後にくるため、負担の方が大きく割り引かれる影響がある。

53)　将来世代が遺す遺産は、将来世代が受け取ることとなるため、負担と受益が相殺される。

54)　0 歳世代の生涯純負担率の低下幅は 2.8％ポイントであり、0 歳世代と将来世代の世代間格差はむしろ拡大することとなる。

55)　本章では世代会計のルールに従い将来世代を一括りとして扱っているが、将来世代の中でも人口が多い世代と少ない世代の間で、遺産が受益・負担に与える影響に差が出ることが考えられる。宮里（1998）は、将来世代を出生年ごとにとらえた OLG モデルの分析により、2045 年に経済に参加する世代が重い負担を負うことを示した。

56)　本章の推計では、『全国消費実態調査』から推計した家計資産額を SNA に一致させる調整を行った。仮に調整を行わなかった場合、遺産額が小さく推計されることから、遺産を考慮することによる基本推計との差異が全体的に縮小する。ただし、高齢世代については、『全国消費実態調査』のデータがない過去分の家計資産額を GDP 成長率で伸びたと仮定することにより大きく推計されるため、基本推計との差が拡大する。

57)　将来の遺産動機の変化の影響を分析するためには、OLG モデルによる遺産動機を含む効用関数を用いた分析を行う必要がある。

58)　民間部門を含めた世代間移転を包括的に扱った分析に国民移転勘定（NTA）がある。本章では、遺産による世代間移転が公的部門の世代間移転を相殺する可能性を検証することが主眼であるため、世代会計の手法をベースとしたが、民間部門全体の世代間移転を考慮する場合には NTA の手法を参考にすることが考えられる。

59)　島澤（2013）参照。

第**5**章

財政危機を考慮した世代会計の分析

1 はじめに

　世代会計においては、政府の異時点間の予算制約が最終的に満たされることを前提に、現在世代には税率や社会保障給付等の現行の政策が維持される一方、将来世代が先送りされた政府債務を負担するとの仮定が置かれている。

　しかしながら、財政危機を考慮すると、先送りされた政府債務を将来世代にすべて負担させることはできない。ギリシャの財政危機でみられるように、財政危機が起こった時期に生きている世代の負担が非常に重くなる現実がある。また、過去の財政危機への対応事例をみると、高率のインフレや厳しい財政再建策が余儀なくされているが、こうした財政危機への対応の違いが、世代間の負担に影響することが考えられる。

　本章では、Hoshi and Ito（2014）の手法を参考に、政府債務残高が民間貯蓄残高を上回る時点で財政危機が発生すると仮定し、財政危機の発生時期を推計する。次に、財政危機の発生から一定期間に政府がインフレもしくは財政再建策により対応すると仮定し、世代会計を用いてそれぞれのケースで世代間の負担にどのような影響を与えるかを分析する。財政危機を考慮した世代会計の手法を用いることにより、財政危機が世代間の負担にどのような影響をもたらすかを定量的に示すことが本章の意義である。

　本章の構成は以下のとおりである。第2節では先行研究と本章の位置づけについて概説する。第3節、第4節では財政危機の発生時期および世代会計の推計手法の説明、第5節では推計結果について記述する。第6節では、結

論と残された課題を指摘して本章を締めくくる。

2 先行研究と本章の位置づけ

本節では、日本の財政危機についての代表的な先行研究である Broda and Weinstein（2005）および Hoshi and Ito（2014）について概観したうえで、財政危機を考慮した世代会計の分析を行う本章の位置づけについて述べる。

2.1 Broda and Weinstein（2005）

日本の財政危機に関する先行研究では、Broda and Weinstein（2005）が、将来の特定時点の政府債務残高対 GDP 比が基準時点と同じ水準に戻ることを財政の持続可能性の条件として、財政の持続可能性を満たすために必要な財政収支の改善幅（政府収入対 GDP 比）を推計している。

Broda and Weinstein（2005）においては、次の予算制約式（1）における持続可能性の条件を $b_n = b_0$ と設定することで、持続可能性を満たすために必要となる政府収入対 GDP 比を計算している[1]。

$$\sum_{t=1}^{n}\left(\frac{1+\eta}{1+i}\right)^{t}\left(\tau_t\text{-}g_t\text{-}h_t + \lambda_t m_t\right) \geq b_0 - b_n\left(\frac{1+\eta}{1+i}\right)^{n} \qquad (1)$$

η ：名目 GDP の伸び率

i ：国債の名目利子率

τ ：政府収入（対 GDP 比）

g ：高齢世代向け以外の財政支出（対 GDP 比）

h ：高齢世代向け財政支出（対 GDP 比）

b ：政府純債務残高（対 GDP 比）

λ ：名目通貨供給量の伸び率

m ：名目通貨供給量（対 GDP 比）

推計の結果、日本の財政は、政府債務として政府純債務を用いて推計すると深刻な規模ではなく、十分に実現可能な政府収入対 GDP 比の水準を確保

することによって財政の持続可能性は維持できると結論づけている。

　この後、土居（2008）は、Broda and Weinstein（2005）の再検証を行い、政府債務残高に政府純債務ではなく「調整済みネット債務」を用い、直近の財政悪化を加味すると、Broda and Weinstein（2005）の結果より高い政府収入対GDP 比が必要となることを示した。土居（2008）における「調整済みネット債務」は、政府債務の償還財源に充当することを想定していない中央・地方政府が保有する金融資産を総債務残高と相殺しない点が、Broda and Weinstein（2005）の政府純債務と異なっている。[2]

2.2　Hoshi and Ito（2014）

Hoshi and Ito（2014）は、Broda and Weinstein（2005）をはじめとする先行研究における財政の持続可能性条件を見直し、遠い将来に政府債務残高対GDP 比が基準時点と同じ水準に戻ることが示されたとしても、それまでの過程で政府債務残高が民間貯蓄残高を上回ると低金利での円滑な国債消化ができなくなる可能性を考慮し、財政危機の発生時期を推計している。

　この問題意識は、日本の政府債務残高が高水準であるにもかかわらず、これまで円滑な国債消化ができているのは、日本国債は海外投資家の保有比率が低く、国内の金融機関が低金利でも国債を保有していることを背景としている。金融機関が国債を購入するための資金は家計部門および企業部門の貯蓄に由来するものである。このため、政府債務残高が民間貯蓄残高を上回るようになれば、海外部門に日本国債を保有してもらうほかなく、低金利での円滑な国債消化ができなくなることを想定している。

　Hoshi and Ito（2014）では、政府債務残高が民間貯蓄残高を上回る財政危機の発生時期が、2020〜2027 年度になると推計している。[3]Hoshi and Ito（2014）における民間貯蓄残高とは、国債購入の原資となりうる民間部門の貯蓄残高で家計部門の金融純資産をベースとして計算する。将来の民間貯蓄残高は、前期の民間貯蓄残高に金利および国債への再投資割合を調整して求めた額[4]に、当期の家計貯蓄を加えて計算される。[5]家計貯蓄については、総務省『家計調査』をベースとして年代別貯蓄率を計算し、それが将来にわたり不変であると仮定して、人口構成を反映して家計部門全体の貯蓄率を推計している。

政府債務残高の定義について、Hoshi and Ito（2014）では、土居（2008）で示された「調整済みネット債務」の概念を用いている[6]。将来の政府債務残高の推計にあたっては、基準時点（2010年度）の政府債務残高に毎期の政府収入・支出の額を加減する必要があり、政府収入・支出の将来推計が必要となる。Hoshi and Ito（2014）では、収入は税・社会保険料の合計をGDP比30%（2010年度の水準）で固定し、支出については、医療・介護は2008年の社会保障国民会議の推計、年金は2009年の政府の年金財政検証に従い、その他の支出項目は労働生産性上昇率で将来にわたり延伸するものと仮定している[7]。

2.3　本章の位置づけ

本章では、Hoshi and Ito（2014）の考え方に従い、政府債務残高が民間貯蓄残高を上回る時点を財政危機の発生時期と仮定し、財政危機発生から一定期間にインフレもしくは財政再建策による対応がなされる場合の世代会計の推計を行う。これにより、財政危機が各世代の負担にどのような影響を与えるかを示す。

本章の推計手法は、財政危機発生後の特定時点における政府債務残高を一定水準以下とするために必要となるインフレ・財政再建策の政策対応を前提として、世代会計の推計を行うものである。財政の持続可能性を制約条件にした世代会計の分析は、第1章で述べたとおり、増島・田中（2010a）、北浦（2014）でも行われているが、本章の分析の意義は、財政危機の発生を明示的に考慮した世代会計を推計することにより、財政危機の発生時期に生きている世代の負担が重くなることを示したことにある。

世代会計に期待される役割の1つは、世代間格差に関するわかりやすい情報を伝えることであり、財政の持続可能性を確保するために必要と想定される各世代の負担に代えて、財政危機が実際に発生したときの各世代の負担を示すことに一定の意義があると考えられる。

さらに、本章では、過去の財政危機に対しインフレにより対応した事例が多いことを踏まえ、財政危機への政策対応の選択肢としてインフレによるシニョリッジを取り入れて世代会計の分析を行った点も特徴であると考えられる。

3 財政危機の時期の分析手法

財政危機の発生時期については、Hoshi and Ito（2014）の手法をベースとして、政府債務残高が民間貯蓄残高を超える時点で財政危機が発生すると仮定する。以下では、財政危機の発生時期の推計手法を概説する。

3.1 民間貯蓄残高の推計

まず、Hoshi and Ito（2014）に倣い、民間貯蓄残高の推計を行う。基準年度の民間貯蓄残高は次の（2）式により計算される。

民間貯蓄残高（A_0）＝家計部門の金融純資産－家計部門の保有する株式
＋企業部門の保有する現金・預金、国債・財投債 （2）

（2）式の A_0 は、国債購入の原資となりうる民間部門の貯蓄残高を意味している。家計部門の金融純資産とは、家計金融資産から住宅ローン等の家計金融負債を控除したものである。家計部門の金融純資産をベースとして、家計部門の保有する株式は将来にわたり保有し続けるものと仮定し、国債購入[8]に回らないものとして控除する。一方、企業部門の保有する現金・預金、国債・財投債に相当する額は[9]、国債購入に回る可能性がある部分として民間貯蓄残高に加える。

翌期以降の民間貯蓄残高については、次の（3）式で表される。

$$A_{t+1} = \left\{1 + r_0 + \theta(r_t - r_0)\right\}A_t + S_t \qquad (3)$$

A_t ：t 期の民間貯蓄残高

r_t ：t 期の利子率

S_t ：t 期の家計貯蓄

θ ：国債への再投資割合（$0 \leqq \theta \leqq 1$）

（3）式の A_{t+1} を求めるために、A_t から金利および国債への再投資割合（θ）を調整して求めた投資額をまず計算する（（3）式右辺第 1 項[10]）。θ とは、金利

が基準年度を上回る場合、上回った分から生じる利子所得のうち θ の割合が国債に再投資されると仮定している。これは、財政に対するリスクプレミアムにより国債金利が上昇した場合、上昇分に相当する利子所得がすべて国債に再投資されない可能性を考慮したものである。

金利上昇分を含めてすべての利子所得が国債に再投資されるケースが $\theta=1$、基準年度の金利を上回る部分はまったく国債に再投資されず他の資産（株式、土地等）に投資されるケースが $\theta=0$ となる。本章では、基準年度（2014年度）を上回る金利分に相当する利子所得の半分が再投資される $\theta=0.5$ のケースを基本として $\theta=1$ のケースについても推計を行う。[11]

こうして求めた国債への再投資額に国債投資に回る可能性のある当期の家計貯蓄（S_t）を加えることで、A_{t+1} を計算する。S_t については、まず『家計調査』における世帯主の年代別の収入・支出のデータを用いて年代別貯蓄率を求める。基準年度の年代別貯蓄率が将来にわたり不変であると仮定し、これに年齢別の推計世帯数を掛けて家計部門全体の貯蓄率を求める。最後に、家計部門全体の貯蓄率に SNA の家計可処分所得を掛け合わせることで S_t を求める。

3.2 家計貯蓄率の推計

本章における家計貯蓄率の計算手法は、まず年代別1世帯当たり貯蓄率を計算し、世帯数推計を反映して家計部門全体の貯蓄率を推計する。[12] t期の貯蓄額を S_t、家計所得額を H_t、総世帯数を N_t、i 年生まれの年代別1世帯当たり貯蓄額を s_{it}、i 年生まれ世帯数を N_{it} とすると、家計所得額に対する家計貯蓄額の比率である家計貯蓄率（S_t/H_t）は、次の(4)式で表される。

$$\frac{S_t}{H_t} = \sum_{i=0}^{t} \frac{N_{it}}{N_t}\left(\frac{s_{it}}{H_t/N_t}\right) \tag{4}$$

右辺の括弧内は s_{it} を H_t/N_t で除した年代別貯蓄率であり、[13] (4)式は年代別貯蓄率に各年代の世帯数ウェイトを掛けて加重平均することで家計部門全体の貯蓄率を求めることを示している。

(4)式の s_{it} については、『家計調査』をベースとして計算した年代別1世帯

当たり収入額から年代別1人当たり支出額を差し引くことで求める。『家計調査』では「総世帯」（世帯数を N_T とする）とその内数である「勤労者世帯」（世帯数を N_E とする）のデータが入手可能である。勤労者世帯以外の世帯には、自営業者世帯（世帯数を N_S とする）と無職者世帯（世帯数を N_R とする）が含まれる。このため、総務省『労働力調査』のデータを用いて N_S、N_R を求める。『労働力調査』の年齢別の雇用者数と自営業主数の比率（N_S/N_E）を計算し、この比率を『家計調査』の N_E に掛け合わせることにより N_S を計算する。N_R は次の（5）式により計算される。[14]

$$N_R = \max\{N_T - N_E - N_S, 0\} \tag{5}$$

（5）式は、総世帯数から、勤労者世帯数と自営業者世帯数を控除したものが、無職者世帯の世帯数を示している。

年代別1世帯当たり収入額については、勤労者世帯と自営業者世帯の収入が等しいと仮定し、次の（6）式のとおり計算される。

年代別1世帯当たり収入額
$$= \{(勤労者世帯の実収入 - 税・社会保険料) \times (N_E + N_S)$$
$$+ 総世帯の社会保障給付額 \times N_R\} \div N_T \tag{6}$$

（6）式の勤労者世帯の実収入は、税・社会保険料の支払い前の数字であるため、貯蓄額の計算のベースとなる収入額の算出に当たっては、税・社会保険料を控除する。無職者世帯の収入は、総世帯の社会保障給付額に等しくなると仮定している。こうして求めた有職者世帯（勤労者世帯と自営業者世帯）と無職者世帯の各年代の収入額総額を N_T で割ることで1世帯当たり収入額を求める。

年代別1世帯当たり支出額についても、勤労者世帯と自営業者世帯の支出が等しいと仮定し、次の（7）式により計算される。

年代別1世帯当たり支出額
$$= \{(勤労者世帯の実支出 - 税・社会保険料) \times (N_E + N_S)$$
$$+ 総世帯の消費支出額 \times N_R\} \div N_T \tag{7}$$

（7）式の勤労者世帯の実支出は、税・社会保険料が含まれるため、これを控除した額に有職者世帯の世帯数を掛けている。無職者世帯の支出額については、総世帯の消費支出額に等しいと仮定している。

（6）式と（7）式の差を計算することで（4）式の s_{it} が計算される。一方、（4）式の H_t/N_t（1世帯当たり家計所得額）については、（6）式の年代別1世帯当たり収入額に国立社会保障・人口問題研究所『日本の世帯数の将来推計』から計算した年齢別世帯数ウェイト（N_{it}/N_t）を掛けて加重平均することにより計算する。以上から、（4）式右辺の括弧内の年代別貯蓄率が計算される。こうして計算された年代別貯蓄率の2005～2014年の10年間の平均をとり[15]、この数値が将来にわたり変化しないと仮定する。（4）式の家計部門全体の貯蓄率は、年代別貯蓄率に年齢別世帯数ウェイト（N_{it}/N_t）を掛けて加重平均することで求める。

最後に、（4）式により計算された家計貯蓄率（2.2％）が SNA における2014年度の家計貯蓄率（0.1％）と一致するように、両者の差を推計で求めた将来の各年度の家計貯蓄率に加減することで調整する。

3.3 政府債務残高の推計

次に、政府債務残高の推計を行う。本節の財政危機の発生時期の推計における政府債務残高の定義については、Hoshi and Ito（2014）に倣い、土居（2008）で示された「調整済みネット債務」の概念を用いる[16]。「調整済みネット債務」は、政府部門の負債額から社会保障基金が保有する金融資産および国庫短期証券の見合いとして保有する資産の額を控除することで計算する。

翌期以降の政府債務残高については、次の（8）式で表される。

$$D_{t+1} = (1 + r_t)D_t + GE_t - GR_t \qquad (8)$$

D_t ：t期の政府債務残高

r_t ：t期の金利

GE_t ：t期の政府支出（国債関係費除く）

GR_t ：t期の政府収入（国債収入除く）

（8）式は、D_t に利払費と基礎的財政収支の赤字額（$GE_t - GR_t$）を加えることで D_{t+1} が計算できることを意味している。将来の GE_t、GR_t については、第 2 章で記述した世代会計の基本推計における政府支出・政府収入の将来推計と同じ手法により推計する。[17]

推計された政府債務残高が民間貯蓄残高を上回る時点で、民間貯蓄残高を背景とした国内金融機関による低金利での国債消化ができなくなり、財政危機が発生すると仮定する。

4 財政危機に関する想定

財政危機を考慮した世代会計の分析にあたっては、財政危機への政府の対応手段、財政危機から脱するまでの期間、財政危機による金利・経済への影響の想定が必要となる。本節では、こうした想定について説明を加える。

4.1 財政危機への対応手段

財政危機が発生した場合、どのような対応が考えられるであろうか。終戦直後の日本においては、高率のインフレにより対応し、GDP 比 200％を超える政府債務残高を圧縮した。[18]一方、2010 年に発生したギリシャの財政危機では、付加価値税率の引上げや年金の支給開始年齢引上げを含む厳しい財政再建策による対応を余儀なくされている。

長い歴史をみると、財政危機の多くの事例があり、インフレや財政再建策（増税や歳出削減）による対応策が採られてきた。[19]本章では、財政危機が発生した場合に、インフレもしくは財政再建策により対応せざるを得なくなると仮定し、どの世代の負担がより重くなるかについて世代会計を用いて分析を行う。

まず、インフレにより対応するケースを考える。Auerbach, Gokhale and Kotlikoff（1991）の世代会計では、税・社会保険料とともにインフレによる民間部門から政府部門への富の移転であるシニョリッジが負担項目として算入されている。[20]Auerbach, Gokhale and Kotlikoff（1991）では、シニョリッジをマネタリーベースの増加額と定義して、これを世代別の貨幣残高（money balance）を用いて各世代の負担として分配している[21]。本章では、財政危機を脱するために必要となるマネタリーベースの増加額を計算し[22]、貯蓄現在高を用いて各世代の負担に分配する[23][24]。具体的には、シニョリッジの負担の世代間分配については、必要となるシニョリッジの総額を計算したうえで、総額を世代別の貯蓄現在高と比例的になるよう分配する。

次に、財政再建策により対応するケースを考える[25]。本章では、財政危機が起こった時期に生きている世代の負担が重くなる現実を踏まえ、財政危機の発生から財政危機を脱するまでの調整期間においてのみ財政再建策が実施され、調整期間終了後は元の税率もしくは給付水準に戻すと仮定し[26]、世代会計を推計する[27]。

4.2 財政危機の出口の仮定

次に財政危機の調整期間はどれくらい継続するのか、どのような状況になれば財政危機を脱することができるのかを考える。調整期間については、日本および諸外国において過去の財政危機時に高率のインフレが継続した期間を参考に[28]、5年間と仮定する。すなわち、財政危機発生から5年間にわたりインフレによる対応を行うことで、(8) 式の GR_t が増加し政府債務残高を減少させることにより[29]、財政危機を脱することができると仮定する[30]。

財政再建策により財政危機に対応するケースについては、政策対応の違いによる世代会計への影響の比較可能性を確保するため、調整期間を5年間と仮定する。なお、財政再建策による対応の場合は、インフレによる対応に比べて負担が長く継続することも想定されることから、調整期間10年と仮定するケースについても試算を行う。

調整期間に必要となるマネタリーベース増加額や増税・給付削減幅については、調整期間終了時の状況をどのように仮定するかに依存する。本章では、調整期間終了時の政府純債務残高対 GDP 比を基準年度の水準以下に戻すために必要となるマネタリーベース増加額もしくは増税・給付削減幅を前提として、世代会計の推計を行うこととする[31]。

4.3 財政危機の経済成長率・金利への影響

本章の世代会計では[32]、中長期試算の推計値のない 2026 年度以降、実質経済成長率は生産年齢人口増加率と労働生産性上昇率（1.0%で一定）の合計とし、金利から成長率を差し引いた金利成長率格差 2.0%で一定として推計している。しかしながら、財政危機が発生すると、実質経済成長率が低下し、金利が大幅に上昇するケースが多い[33]。本章では、財政と経済成長率・金利に関する過去の実証研究を参考に、財政危機の経済成長率・金利への影響を考慮する。

実質経済成長率については、財政危機により低下することが予想される。Reinhert and Rogoff（2009）は、1800～2008 年の世界のデフォルト事例から、デフォルト前後の実質 GDP の変化を調査し、国内債務デフォルト前 3 年間の実質 GDP の累積減少率は平均 8%であることを示した。本章で想定する財政危機は、対外債務デフォルトではなく国内債務デフォルトであることから、Reinhart and Rogoff（2009）を参考に、財政危機の発生年度に実質 GDP が 8%低下する仮定を置くこととする[34]。

金利については、財政危機が起こると国内金融機関による低金利での国債消化ができなくなるため、大幅に上昇することが予想される。本章では、Gagnon and Hinterschweiger（2011）で推計された純債務残高と金利の関係（純債務残高対 GDP 比 1%の上昇が金利を 0.035%押し上げる）を参考に、基準年度からの純債務残高対 GDP 比の増加幅（%）に 0.035 を掛けた値を財政リスクプレミアムとして財政危機発生年度の金利に上乗せした。この財政リスクプレミアムについては、財政危機の発生年度に顕在化し、調整期間（5 年間もしくは 10 年間）で一定割合ずつ解消していくと仮定する[35]。

5 推計結果

本節では、前節までに述べた手法や財政危機への対応の想定に基づき、財政危機の発生時期および世代会計の推計結果を示す。

5.1 財政危機の発生時期

はじめに、財政危機の発生時期の推計結果をみる。図 5.1 のとおり、民間貯蓄残高が $\theta=0.5$、$\theta=1$ の両方のケースで緩やかな増加傾向で推移するが[36]、調整済みネット債務はそれを上回るペースで増加する。その結果、$\theta=0.5$ のケースで 2034 年度、$\theta=1$ のケースで 2039 年度に政府債務残高が民間貯蓄残高を超え財政危機が発生すると推計される[37]。

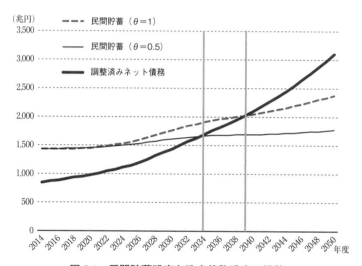

図 5.1 民間貯蓄残高と政府債務残高の推移

(出典) 筆者推計

5.2 財政危機を考慮した世代会計の推計

財政危機の発生時期の推計結果を踏まえ、財政危機を考慮した世代会計を推計する。本章の分析の枠組みでは、財政危機発生後の調整期間に財政危機を脱するために必要となるマネタリーベース増加額もしくは増税・給付削減幅を推計し[38]、その負担を年齢階級別の分配データを用いて[39]、各世代に分配することとしている。

5.2.1 インフレによる対応

はじめに、調整期間終了時点の政府純債務残高対 GDP 比を基準年度 (2014

第 5 章　財政危機を考慮した世代会計の分析　　　137

年度）以下の水準に戻すために必要となるマネタリーベース増加額を推計す
る。[40]

　2034 年度の財政危機にインフレで対応する場合、[41] 調整期間に 1 年当たり
120 兆円のマネタリーベースの増加（成長を考慮しないベース）が必要とな
る。本章の分析の枠組みでは、このマネタリーベースの増加分がシニョリッ
ジに相当し、個人の政府に対する負担の増加となる。調整期間におけるシ
ニョリッジの額の推移をみると、マネタリーベースが毎年度の名目成長率で
伸びる仮定を置いているため名目ベースでは増加する一方、[42] 金利から成長率
を差し引いた金利成長率格差を 2％としているため現在価値ベースではやや
減少する（図 5.2 参照）。[43] インフレ率がマネタリーベースに比例すると仮定し
て計算すると、[44] 財政危機発生の 2034 年度のインフレ率が 44％となり（表 5.1
参照）、その後低下傾向で推移する。[45]

　2039 年度の財政危機にインフレで対応する場合、[46] 調整期間に 1 年当たり
170 兆円のマネタリーベースの増加（成長を考慮しないベース）が必要とな
る。調整期間におけるシニョリッジの額の推移については、2034 年度の財
政危機のケースと同様、名目ベースでは増加する一方、現在価値ベースでは
やや減少する。インフレ率を計算すると、財政危機発生の 2039 年度が 58％
となり（表 5.1 参照）、その後低下傾向で推移する。2034 年度の財政危機の
ケースと比べると、必要となるマネタリーベースの増加額およびインフレ率
が高くなる。これは、財政危機が遅くなるほど発生時点の政府債務残高が増
加していることから、より多くの調整コストがかかるためである。

　財政危機を考慮した世代会計の推計結果をみると、図 5.3 のとおり、基準
年度の中年世代を中心に現在世代の負担が基本推計より重くなっている。[47][48] こ
れは、シニョリッジの負担の世代間分配に貯蓄現在高を用いているため、財
政危機の調整期間に貯蓄残高が多い高齢世代となる世代の負担が重く推計さ
れるためである。

　将来世代については、基本推計で将来世代に先送りされていた債務の一部
が、財政危機への対応により現在世代の負担となるため、生涯純負担率は減
少することとなる（図 5.3 参照）。本章の枠組みで考慮している財政危機の経
済成長率・金利への影響を除くと、[49] 現在世代の生涯純負担の増加分が、将来

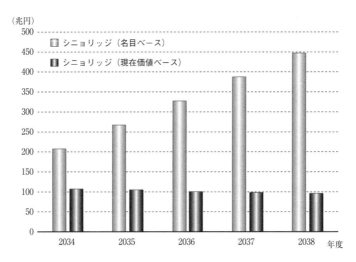

図 5.2　調整期間におけるシニョリッジの推移（2034 年度財政危機のケース）

(出典) 筆者推計

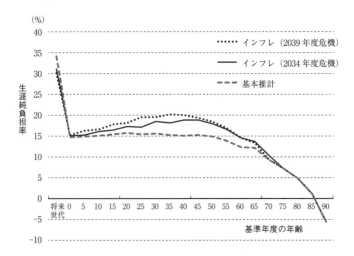

図 5.3　インフレによる対応のケースの生涯純負担率

(出典) 筆者推計

世代の生涯純負担の減少となる。

　本章では、最初に政府債務残高が民間貯蓄残高を上回る時点の財政危機が各世代の負担に与える影響に焦点を当てることとしており、財政危機の調整期間終了後に再び政府債務が増加することとなるため、0歳世代と将来世代の生涯純負担の差が完全には解消しない。[50]

　財政危機の発生時期の違いによる各世代への影響を比較すると、財政危機が2039年度のケースの方が2034年度のケースと比べて、全体的に負担が重くなることに加え、負担増の中心となる年齢が5歳程度若くなっている。全体的な負担増の要因は、財政危機が遅くなる間に政府債務残高が増加するため、必要となる調整幅が大きくなることにある。また、負担増の中心となる年齢が若くなる要因は、財政危機の時期が遅くなることで、調整期間に負担が重くなる世代の基準年度の年齢が低下することにある。

5.2.2　消費増税による対応

　はじめに、調整期間終了時点の政府純債務残高対GDP比を基準年度（2014年度）以下の水準に戻すために必要となる消費税率を推計する。なお、本章の分析の主眼は、定量的な分析を通じて定性的な方向を確認することにあり、実現困難な高い税率となる場合についても、政策の影響の方向性をみるため分析を行うこととする。

　2034年度の財政危機に消費増税で対応する場合、調整期間5年間に必要となる消費税率は63％となる。[51]　2039年度の財政危機に消費増税で対応する場合、調整期間に必要となる消費税率は87％となる（表5.1参照）。2034年度の財政危機のケースと比べると、必要となる消費税率が高くなる。これは、インフレによる対応のケースと同様、財政危機が遅くなるほど発生時点の政府債務残高が増加していることから、より多くの調整コストがかかるためである。

　世代会計の推計結果をみると、図5.4のとおり、基準年度の若年層を中心に基本推計と比べて負担が重くなる。消費税の負担の世代間分配には、消費支出を用いているため、財政危機の調整期間に消費支出が大きくなる世代の負担の増加幅が特に大きくなる。将来世代については、基本推計で将来世代

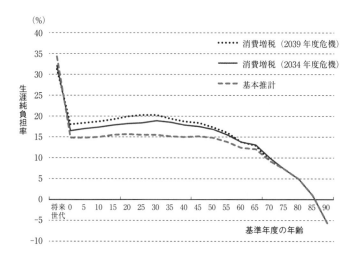

図 5.4　消費増税による対応のケースの生涯純負担率

（出典）筆者推計

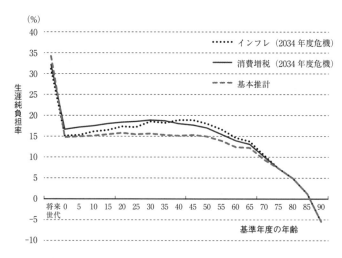

図 5.5　財政危機への対応の違いによる生涯純負担率の比較（2034 年度財政危機）

（出典）筆者推計

第5章 財政危機を考慮した世代会計の分析　　141

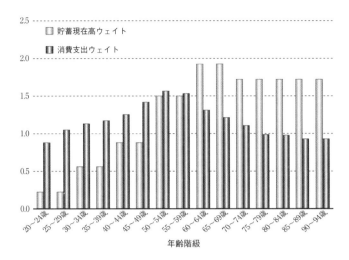

図 5.6　貯蓄現在高と消費支出の世代別ウェイト（1人当たり平均＝ 1.0）
(出典)『全国消費実態調査』『日本の将来推計人口』より作成

に先送りされていた債務の一部が、調整期間における消費増税により現在世代の負担となるため、生涯純負担率は低下する。

　財政危機の発生時期の違いによる各世代への影響を比較すると、インフレによる対応のケースと同様、財政危機が 2039 年度のケースの方が 2034 年度のケースと比べて、全体的に負担が重くなることに加え、負担増の中心となる年齢が若くなっている（図 5.4 参照）。

　財政危機にインフレおよび消費増税で対応するケースの世代間の負担を比較すると、インフレで対応する場合は消費増税で対応する場合よりも中年・高齢世代の負担がより重くなることが示された（図 5.5 参照）[52]。これは、インフレによるシニョリッジの負担の分配は高齢世代が多く保有する貯蓄現在高を用いる一方、消費税の負担の分配は中年世代がピークとなる消費支出を用いることが要因である（図 5.6 参照）。

5.2.3　財政危機の仮定変更の影響

　本章のこれまでの分析では、財政危機の調整期間を 5 年間とし、調整期間終了年度の政府債務残高が基準年度（2014 年度）を下回る水準にすることで

財政危機を脱するとの仮定を置いている。この仮定を変更したときの影響について、2034年度に財政危機が発生し消費増税により対応するケースで検証する。[53]

本章のこれまでの分析では、消費増税により財政危機に対応するケースについて、インフレによる対応のケースと比較するため、調整期間を5年間と仮定してきた。財政再建策による対応の場合、インフレによる対応に比べて期間が長期にわたることも想定されることから、調整期間10年と仮定するケースについても試算を行う。財政危機に対応する消費増税の期間を5年間ではなく10年間とした場合[54]、必要となる消費税率を推計すると48％となり、現在世代の生涯純負担率がやや上昇する（図5.7、表5.1参照）。

本章では、財政危機を脱するための条件として、調整期間終了時の政府純債務残高対GDP比を基準年度の水準以下に戻すために必要となる財政再建策を前提として、世代会計の推計を行ってきた。この条件を調整期間終了年度の総債務残高をEUのマーストリヒト条約の上限であるGDP比60％（純債務残高対GDP比0％にほぼ相当）を下回る水準に変更した場合[55]、調整期間に必要となる消費税率を推計すると109％となり、現在世代の生涯純負担率

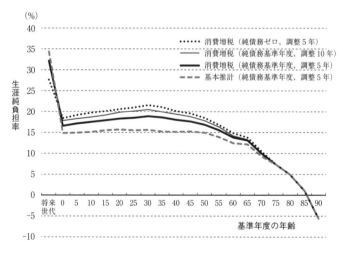

図5.7　財政危機の仮定を変更した場合の生涯純負担率の比較

（出典）筆者推計

が上昇する（図 5.7 参照）。

このように財政危機への対応の仮定の置き方で、財政危機を脱するために必要となる消費税率および各世代の生涯純負担率が変化するものの、生涯純負担率のグラフの形状は変わらず、財政危機を考慮した場合の世代間の負担についての本章の結論に影響を与えないことが確認された。

5.2.4 さまざまな財政再建策による対応

これまでの分析では、財政危機への政策対応としてインフレと消費増税のケースの各世代の負担への影響をみてきた。税率表示の負担感のわかりやすさの観点から財政再建策として消費増税を取り上げてきたが、実際に財政危機に直面した場合には、所得税など消費税以外の増税や社会保障給付の削減も検討されることになる。

このため、財政危機への対応として消費増税に加え、所得増税、すべての税の引上げ、社会保障給付削減を行った場合の各世代への影響について、2034 年度に財政危機が発生し調整期間 10 年間のケースを中心に分析を行う[56]。なお、所得税、すべての税の引上げ、社会保障給付削減については、消費税のように一律の税率表示により増税幅を示すことは困難であり、現行制度に対する比率で増減幅を示すこととする[57]。

2034 年度の財政危機に 10 年間の所得増税により対応するケースでは、現行税率の 4.2 倍の所得税率が必要となる。現実には所得税の実効税率が100％に近づくこととなり実施は困難であるが、各世代への影響をみるため実現可能性を無視して世代会計を推計すると、20 歳代・30 歳代を中心に若年世代の負担が大幅に重くなる結果となる（図 5.8、表 5.1 参照）。

すべての税の税率引上げにより対応するケースでは、現行税率の 1.94 倍の税率が必要となる（表 5.1 参照）。各世代の負担への影響については、消費増税のケースとほとんど変わらない結果となる[58]。世代間の負担の観点からみると、消費税はすべての税の平均的な位置づけとなっていることが確認された。

次に社会保障給付削減により対応するケースを分析する。ここでは、年金・医療・介護に加え、生活保護、失業手当、児童手当などを含めたすべての社会保障給付を同じ割合で削減することにより財政危機に対応すると仮定

する。この場合、74％の社会保障給付の削減が必要となる。各世代への影響をみると、消費増税による対応と比べると、40歳代～60歳代を中心に負担が重くなる結果となった（図5.8、表5.1参照）。

これまで増税もしくは社会保障給付削減により対応するケースをみてきたが、財政危機に直面した場合には、増税と社会保障給付削減をあわせて行う

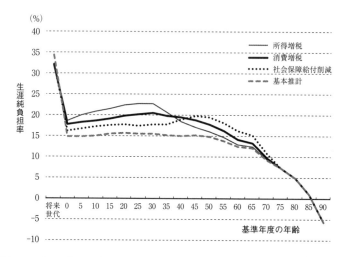

図5.8　さまざまな財政再建策による対応の場合の生涯純負担率の比較

（出典）筆者推計

表5.1　財政危機への対応の影響

	2034年度危機	2039年度危機	2034年度危機（調整期間10年）
インフレ	2034年度インフレ率44％	2039年度インフレ率58％	―
消費増税	消費税率63％	消費税率87％	消費税率48％
所得増税	現行税率の5.6倍	現行税率の7.6倍	現行税率の4.2倍
全税上げ	現行税率の2.4倍	現行税率の3.0倍	現行税率の1.94倍
社会保障給付削減	―	―	現行制度から74％削減
組合せ1			社会保障給付5割削減＋消費税率23％
組合せ2			社会保障給付3割削減＋消費税率33％

（出典）筆者推計

ことが現実的であると考えられる。消費増税と社会保障給付削減をあわせて行うケースを試算すると、社会保障給付を 5 割削減する場合は消費税率 23％、社会保障給付を 3 割削減する場合は消費税率 33％が必要となる（表 5.1 参照）。世代間の負担の重さは、図 5.8 における消費増税による対応のケースと社会保障給付削減による対応のケースの中間に位置することとなる。

このように、財政危機への対応手段の違いが、世代間の負担の重さに影響を与えることが確認された。過去の財政危機の事例をみると、財政危機の状況下では政策を選択できる余地が限られているケースが多いが、財政危機への対応手段によって、財政危機の時期に生存している特定の世代に重い負担をもたらす可能性が示された。[59]

5.2.5 推計結果からの考察

本章の世代会計の分析により、財政危機を考慮すると政府債務をすべて将来世代に先送りすることが許されず、財政危機の調整期間に生存している現在世代も重い負担を負うことが示された。また、財政危機への対応の違いが、世代間の負担に影響することが示された。

財政危機の発生時期の違いによる各世代への影響を比較すると、財政危機の発生が遅くなると、その分だけ負担増の中心となる年齢が若くなることに加え、全体的に負担が重くなることが示された。これは、財政危機が遅くなる間に政府債務残高が増加するため、必要となる調整幅が大きくなることにある。このため、単に財政危機を遅らせる政策は財政危機発生時の調整コストの増加につながるため、政府債務残高の増加を抑制する政策が重要であると考えられる。

6　おわりに

本章では財政危機を考慮した世代会計の推計により、財政危機が現在世代の負担増をもたらすこと、財政危機の発生時期や対応の違いが、現在世代の各世代の負担の増加幅に影響を与えることを示した。

一般的な世代会計では、将来世代のみが先送りされた債務を負担するとの

仮定が置かれているが、財政危機を考慮すると財政危機の時期に生存している現在世代も重い負担を負うことになる。このため、将来世代だけでなく自分たちの問題として財政健全化を進めていくことが重要である。

　また、財政危機の発生時期が遅くなった場合、政府債務残高が増加する分だけ現在世代の負担が全体として重くなることが示された。このため、政府債務残高の増加を抑制する政策により、財政危機を回避もしくは影響を軽減することが重要であると考えられる。

　最後に、残された課題を指摘して本章を締めくくる。第1に、財政危機を考慮した世代会計の推計は、基本的に世代間のゼロサムの枠組みを前提としている。本章では、財政危機の経済成長率・金利への影響を反映しているものの、財政危機は幅広い産業に甚大な影響をもたらすこととなる。このような財政危機の影響を考慮すると、財政危機が世代間の負担の移転のゼロサム以上の負担をもたらす可能性があり[60]、財政危機を回避するための財政健全化がより重要になると考えられる。

　第2に、世代会計の生涯純負担率はあくまで各世代の平均の数値である。例えば、財政危機にインフレで対応するケースでは、個人の所有する資産構成により大きな不公平が生じる可能性が高い[61]。このように財政危機は、世代間のみならず世代内の負担にも影響することに留意する必要がある。

　第3に、世代会計においては家計の最適化行動を考慮していない。将来財政危機が発生したときにインフレもしくは増税により政府が対応することを家計が考慮する場合、各家計が将来の負担増に備えて、消費を減少させ貯蓄を増加させる可能性がある。このような家計の最適化行動が、経済成長率や政府の収入・支出に影響を与える可能性に加え[62]、家計貯蓄率の変化を通じて財政危機の発生時期に影響を与える可能性がある[63]。本章の分析では、こうした影響が考慮されていないことに留意する必要がある。

注

1)　(1) 式の λm の項は中央銀行の通貨発行益（シニョリッジ）を表している。Broda and Weinstein (2005) においては、高インフレによる影響のシミュレーションを除い

て λm の項をゼロとして推計を行っている。

2) 「調整済みネット債務」は、政府部門の金融資産の中には、財政危機に陥った場合に償還財源となりえない地方政府の財政調整基金のような資産が含まれており、このような資産については政府負債と相殺すべきではないとの考え方に基づいている。ただし、実際には、政府負債と相殺すべき資産と相殺すべきではない資産の分類は容易ではないことから、「調整済みネット債務」の計算では、政府部門の負債額から社会保障基金が保有する金融資産および短期政府証券の見合いとして保有する資産の額を控除したものが用いられている。

3) Hoshi and Ito (2014) では、金利・成長率について何通りかの仮定を置いて推計している。

4) 国債への再投資割合の詳細については後述。

5) 民間貯蓄は家計貯蓄と企業貯蓄から構成されるが、Hoshi and Ito (2014) では基準年度以降の企業貯蓄はゼロとの仮定を置いているため、当期の家計貯蓄のみを加えている。

6) Hoshi and Ito (2014) においては、国・地方・社会保障基金を含む一般政府ベースでの推計が行われている。なお、同様の枠組みにより財政危機の発生時期の推計を行っている Hoshi and Ito (2013) では、一般政府の債務残高ではなく中央政府の国債残高に着目した推計を行っている。

7) Hoshi and Ito (2014) が依拠している Doi, Hoshi and Okimoto (2011) では、その他の項目の伸び率について 1 人当たり GDP 成長率とされている。

8) 家計部門の保有する株式は日本銀行『資金循環統計』より入手。

9) 企業部門の保有する現金・預金、国債・財投債は『資金循環統計』より計算。

10) 本章での金利の仮定については、2025 年度までは中長期試算の「ベースラインケース」に従い、2026 年度以降は経済成長率に 2.0% を加えた水準としている。

11) Hoshi and Ito (2014) では、$\theta=0$、$\theta=0.5$、$\theta=1$ の 3 通りのケースについて推計を行っている。本章では、金利上昇分に相当する利子所得がまったく国債に投資されない $\theta=0$ のケースは想定しにくいことから、$\theta=0.5$、$\theta=1$ の 2 通りのケースについて推計を行う。

12) 本章における家計貯蓄率は、Hoshi and Ito (2014) の推計手法をベースとしたものであるが、①人口推計に代えて世帯数推計を用いて家計貯蓄率を推計している点、② GDP 比ではなく家計可処分所得比の家計貯蓄率を計算している点が Hoshi and Ito (2014) と異なる。詳細は補章参照。

13) 年代別 1 世帯当たり貯蓄率を（年代別でなく）全体の 1 世帯当たり家計所得で除していることに留意が必要である。

14) 集計世帯数が少なく、ほとんどが勤労者世帯である 20〜24 歳では、計算上無職者世帯数が負数になることがある。この場合、(5) 式に従い無職者世帯数をゼロとしている。

15) Hoshi and Ito (2014) では 2000〜2010 年の 11 年間の平均をとっている。

16) 第 2 章で述べたとおり本書の世代会計の推計にあたっては増島・田中（2010a）などの先行研究に倣い、SNA の「政府純債務残高」を用いている。「政府純債務残高」と「調整済みネット債務」の違いは、財政危機の際に債務返済に充当できない性質の資産を相殺するかどうかである。財政危機の発生時期の推計では財政危機が起こったときに充当できる資産かどうかという視点に立つのに対し、世代会計では政府の異時点間の予算制約式が最終的に満たされるかの視点に立つ。このため、財政危機の発生時期の推計と世代会計の推計で異なる定義の政府債務残高を用いている。

17) この点は、本章 2.2 で説明した Hoshi and Ito（2014）における政府収入・政府支出の推計手法と異なる。

18) 小黒・服部（2015）に詳しい。

19) Reinhart and Rogoff（2009）に詳しい。

20) 日本の世代会計では、島澤（2011）、Shimasawa and Oguro（2016）などの一部を除き、ほとんどの先行研究でシニョリッジが考慮されていない。

21) 小黒・服部（2015）によると、シニョリッジの推計方法は機会費用アプローチ、マネタリー・アプローチ等があるとされている。本章では、Auerbach, Gokhale and Kotlikoff（1991）に倣い、マネタリー・アプローチに従う。なお、小黒・服部（2015）は、日本の終戦前後のシニョリッジの推計を行い、終戦前後の期間において機会費用アプローチを採用するとシニョリッジが過小推計となることを示した。

22) 財政危機の発生から財政危機を脱するまでの調整期間の各年度の経済成長を除いたマネタリーベース増加額が同額であると仮定する。

23) 世代別の貯蓄現在高は『全国消費実態調査』から入手。

24) 本章では、財政の長期推計に関心があるため、インフレ率はマネタリーベースの変化に一致するとの単純化された仮定を置く。なお、インフレ率は生涯純負担率の分母の生涯所得および分子の生涯純負担額ともに変化させるため、世代会計への影響はほとんどない。

25) 本章では、税率表示の負担感のわかりやすさの観点から消費増税を中心に取り上げる。

26) 消費増税の場合、本書の世代会計の分析では 2019 年 10 月の税率 10% への引上げを織り込み済みであるため、調整期間終了後は 10% に戻すと仮定する。

27) 世代会計では、一般に政策の変化が家計行動や経済に与える影響は考慮しないが、本章では消費税率を変化させた場合の物価への影響のみ考慮して推計を行う。消費税率の変更にともなう物価の変化幅は、Hoshi and Ito（2013）に倣い、消費税率の変更幅の 3 分の 2 と仮定する。

28) Reinhart and Rogoff（2009）によると、日本の終戦前後の事例では 5 年間（1944～1948）にわたり高率のインフレが続いた。他の先進諸国の例をみると、ドイツ（1919～1923：5 年間）、フランス（1942～1948：7 年間）、イタリア（1943～1947：5 年間）で高率のインフレを経験している。

29) 増税による対応の場合は、税収増が GR_t の増加に反映されることとなる。

第 5 章 財政危機を考慮した世代会計の分析 149

30) 財政危機の発生時期は (8) 式の政府債務残高が (3) 式の民間貯蓄残高を超える時点として推計されるが、財政危機が発生すると大幅な調整を強いられる現実を考慮して、本章では政府債務残高が一定水準（基準年度の水準）以下となることにより財政危機を脱することができると仮定している。

31) 調整期間終了時の政府純債務残高対 GDP 比の水準を基準年度以下としているのは、1 つの仮定にすぎない。このため、本章では、調整期間終了時に政府総債務残高が EU のマーストリヒト条約の上限である GDP 比 60%（純債務残高対 GDP 比 0%にほぼ相当）に改善すると仮定した推計を行うことで、結論の頑健性を確認する。なお、北浦（2014）では、Reinhart and Rogoff（2011）において財政危機の発生確率が低下するとされる上限の水準である政府総債務残高対 GDP 比 90%を用いている。

32) 本章および補章の分析においては、第 2 章における基本推計をベースとする。

33) Reinhart and Rogoff（2009）参照。

34) 本章では簡略化のため、財政危機発生年度に GDP 成長率が 8%低下すると仮定する。

35) Hoshi and Ito（2014）では、Gagnon and Hinterschweiger（2011）の財政リスクプレミアムを考慮した政府純債務残高と金利の関係式を用いたシミュレーションを行っている。本章では、過去の財政危機の事例では財政危機発生後に金利が大幅に上昇していることを反映し、財政危機発生年度に財政リスクプレミアムが顕在化するとの仮定を置く。

36) 民間貯蓄残高を対 GDP 比でみると $\theta=0.5$ のケースでは減少傾向、$\theta=1$ のケースでは横ばいないし減少傾向で推移する。

37) Hoshi and Ito（2014）では $\theta=0.5$、$\theta=1$ のケースともに政府債務残高が民間貯蓄残高を超える時期が 2027 年度と推計されており、本章よりも財政危機の発生が早くなっている。この差異については、本章推計では消費増税や年金保険料引上げを反映させたことにより税・社会保険料の合計が Hoshi and Ito（2014）の想定である GDP 比 30%を上回って推移することに加え、家計貯蓄率の推計方法の変更（補章参照）により、一定程度説明可能となる。

38) 前述のとおり調整期間は 5 年間もしくは 10 年間と仮定する。

39) 例えば、インフレの場合は貯蓄現在高、消費増税の場合は消費支出額を用いる。

40) 2014 年度の政府純債務残高対 GDP 比は 121%である。

41) $\theta=0.5$ のケース。財政危機の前年度末（2033 年度末）の政府純債務残高対 GDP 比は 201%に達する。

42) マネタリーベースの増加にともなうインフレの影響により名目ベースのシニョリッジが増加する。

43) 現在価値ベースのシニョリッジの額は、名目ベースのシニョリッジの額を当該年度までの累積金利で割り引くことにより計算される。本章の世代会計の仮定では、累積金利が累積成長率よりも大きくなるため、現在価値ベースのシニョリッジの額は成長を考慮しないシニョリッジの額（1 年当たり 120 兆円）よりも小さくなる。

44) 本章では、2014 年度末のマネタリーベース 300 兆円を基準としてマネタリーベースの増加がインフレ率に与える影響を計算する。

45) 5 年間のマネタリーベースの増加幅は成長を除き一定としているが、調整期間中のマネタリーベースの増加にともないインフレ率は低下傾向となる。

46) θ=1 のケース。財政危機の前年度末（2038 年度末）の政府純債務残高対 GDP 比は242％に達する。

47) 本章においては、「現在世代」を「若年世代」「中年世代」「高齢世代」に分類する。

48) 財政危機が発生する時点で死亡していると仮定される現在の高齢世代は、財政危機の影響を受けないため、基本推計との生涯純負担率の差がゼロとなる。

49) 本章では、財政危機による経済成長率・金利の変化を反映させているが、世代会計の推計結果への影響は大きくない。

50) このような枠組みの中で残された将来世代の追加負担を分析する意義は乏しいため、本章では現在世代の各世代の負担に与える影響に焦点を当てて分析を行う。

51) 現実には、経済への影響等を考慮すると消費税率 63％という数字は実現困難と考えられるが、財政危機を脱するために大きな負担が必要となることを示す意義があると考えられる。

52) 図 5.5 では 2034 年度に財政危機のケースで比較しているが、2039 年度に財政危機のケースでも同様の傾向が示される。

53) ここでは消費増税による対応のケースで検証するが、インフレによる対応のケースでも同様の傾向となる。

54) 2034〜2043 年度が調整期間となる。

55) 本章では、1990〜2014 年度のデータによる総債務残高と純債務残高の関係式から、総債務残高対 GDP 比 60％は純債務残高対 GDP 比 0％に相当すると仮定して、世代会計の推計を行う。

56) 本章のこれまでの分析では、インフレとの比較の観点から消費増税による調整期間を 5 年間としてきたが、財政再建策による対応の場合、5 年間よりも長期にわたることが現実的であると想定されることから、ここでは調整期間 10 年間のケースについて分析する。なお、社会保障給付の削減で対応する場合、社会保障給付を全額削減しても、調整期間終了時の政府純債務残高対 GDP 比を基準年度の水準以下に戻すのに 6 年間が必要となる。

57) 比例的な増減を仮定していることとなる。なお、年金給付については、マクロ経済スライドを織り込み済みであるため、マクロ経済スライド反映後の給付水準からの削減率を示すこととなる。

58) 図 5.8 では図示していないが消費増税のケースとほぼ重なることとなる。

59) 本章における政策シミュレーションの意義は、世代間格差を改善する政策を選択する観点よりも、財政危機によりいずれかの政策を選択せざるを得なくなった場合に特定の世代の負担が重くなることを示したことにあると考えられる。

60) 過去の財政危機の事例では、財政危機が起こると多くのケースで金融危機につな

第 5 章　財政危機を考慮した世代会計の分析　　　151

がるなど、財政危機が起こった時期に生きている国民に莫大な負担が生じている。

61)　例えば、現金や銀行預金はインフレの影響を強く受けるのに対し、実物資産や海外資産についてはインフレの影響を受けにくい。

62)　例えば、家計の消費が減少すると消費税収が減少することが考えられる。

63)　家計貯蓄率の上昇は、(3) 式の S_t の増加を通じて民間貯蓄残高の増加につながる経路が考えられる。ただし、各家計が貯蓄を増加させることで消費性向が低下し経済成長が低迷することにより、マクロの民間貯蓄残高が増加しない可能性もあると考えられる。

補 章

日本の財政危機の時期
多様な貯蓄の推計による頑健性の検証

1 はじめに

第5章では、Hoshi and Ito（2014）の手法を参考に、財政危機の発生時期を推計したうえで、世代会計を用いて財政危機が世代間の負担にどのような影響を与えるかを分析した。本章では、第5章における財政危機を考慮した世代会計の分析のベースとなっている Hoshi and Ito（2014）による財政危機の発生時期の推計について、その有効性を検証する。

日本の政府債務残高は、2011年に対GDP比で200％を超え[1]、先進国で最悪の水準となっている。このような厳しい財政状況の下、一部の研究者や市場関係者から将来の日本の国債消化への懸念が示されているが、これまでのところ国債金利の急上昇はみられていない。過去の財政危機の事例に照らしてみても[2]、現在の日本の政府債務残高対GDP比は極めて高い水準にあり、このまま政府債務残高が膨張を続けていくと、どこかの時点で円滑な国債消化ができなくなることが懸念される。財政健全化に向けた政策対応を考えるうえでも、現行の政策を続けた場合、いつごろ財政危機の懸念が顕在化するのかを推計することは有益であろう。

日本の政府債務残高対GDP比が世界的にみても高水準であるにもかかわらず、これまで国債金利が低い水準にとどまり円滑な国債消化ができているのは、民間貯蓄が金融機関を通じて国債購入に回っているからとの指摘がなされている。日本の財政危機に関する先行研究では、IMF（2009）と小黒（2010）が、政府債務残高が家計金融資産を上回る時期を財政危機の発生時期

として推計している。さらに、Hoshi and Ito (2014)においては、より精緻な手法により、政府債務残高が民間貯蓄残高を上回る時期を財政危機の発生時期として推計している。

Hoshi and Ito (2014)の推計手法を前提とした場合、今後のさらなる高齢化の進展による家計貯蓄の動向が、財政危機の発生時期に影響を与えると考えられる。このため、財政危機の発生時期の予測にあたっては、今後の家計貯蓄の動向の正確な推計が重要となる。

Hoshi and Ito (2014)は、比較的新しい研究成果であり、他の研究者による検証等が現在のところほとんどみられない。本章では、Hoshi and Ito (2014)の手法をベースとして財政危機の発生時期の推計を行うとともに、多様な貯蓄の推計を行うことで Hoshi and Ito (2014) の頑健性を検証する。また、財政危機を回避もしくは遅らせるための政策についても考察する。

本章の構成は次のとおりである。第2節では Hoshi and Ito (2014) をベースとした財政危機の発生時期の基本推計の手法について解説する。第3節では基本推計の結果、第4節では頑健性の検証結果を提示する。第5節では本章の分析結果をまとめることで締めくくる。

2　Hoshi and Ito (2014) をベースとした基本推計

第5章において、財政危機が世代間の負担に与える影響を分析する前提となる、Hoshi and Ito (2014)をベースとした財政危機の発生時期の推計手法について説明した。第5章では、Hoshi and Ito (2014)を改善した手法を用いて財政危機の発生時期を推計し、世代会計を活用した分析を行った。本章では、Hoshi and Ito (2014)の民間貯蓄の推計手法に対して、多様な貯蓄の推計による頑健性の検証を行うため、まず Hoshi and Ito (2014) の民間貯蓄の推計手法を説明することとする[3]。

本章における財政危機の発生時期の推計手法は、Hoshi and Ito (2014)の手法をベースとして、若干の修正を加えたうえで、データを 2014 年度まで延伸する。分析の基本となる枠組みは Hoshi and Ito (2014) と同じく、政府債務残高が民間貯蓄残高を上回る状態を「財政危機」と定義し、両者を比較す

補 章　日本の財政危機の時期　　155

ることにより財政危機の発生時期を推計する。

2.1　民間貯蓄残高の推計

Hoshi and Ito（2014）に倣い、基準年度の民間貯蓄残高は次の（1）式により計算される。

民間貯蓄残高（A_0）＝家計部門の金融純資産－家計部門の保有する株式
　　　　　　　　　　＋企業部門の保有する現金・預金、国債・財投債　　（1）

翌期以降の民間貯蓄残高（A_{t+1}）については、次の（2）式で表される。

$$A_{t+1} = \left\{1 + r_0 + \theta(r_t - r_0)\right\}A_t + S_t \qquad (2)$$

A_t　　：t 期の民間貯蓄残高

r_t　　：t 期の利子率

S_t　　：t 期の家計貯蓄

θ　　：国債への再投資割合（$0 \leqq \theta \leqq 1$）

（2）式の右辺第 1 項の国債への再投資可能額に、右辺第 2 項の新たに国債購入に回る可能性のある民間部門の貯蓄額を加えることで A_{t+1} を求める。

本章では、Hoshi and Ito（2014）に倣い、（1）式の右辺第 2 項の家計部門の保有する株式および右辺第 3 項の企業部門の保有する現金・預金、国債・財投債の額を一定と仮定し[4]、当期の家計貯蓄（S_t）を加えることで国債購入に回る民間部門の貯蓄残高（A_{t+1}）を推計している。

2.2　家計貯蓄率の推計

Hoshi and Ito（2014）においては、家計貯蓄率を家計貯蓄の GDP に対する比率として定義しており[5]、本章の基本推計でもこれに従う[6]。計算手法は、まず年代別 1 人当たり貯蓄率を計算し、人口構成を反映して家計部門全体の貯蓄率を推計する。t 期の貯蓄額を S_t、GDP を Y_t、人口を P_t、i 年生まれの年代別 1 人当たり貯蓄額を s_{it}、i 年生まれ人口を P_{it} とすると、GDP 比の家計貯蓄率は、次の（3）式で表される[7]。

$$\frac{S_t}{Y_t} = \sum_{i=0}^{t} \frac{P_{it}}{P_t} \left(\frac{s_{it}}{Y_t/P_t} \right) \tag{3}$$

　右辺の括弧内は s_{it} を Y_t/P_t で除した年代別貯蓄率であり、(3) 式は年代別貯蓄率に各年代の人口ウェイトを掛けて加重平均することで家計部門全体の貯蓄率を求めることを示している。

　(3) 式の s_{it} については、『家計調査』をベースとして計算した年代別 1 人当たり収入額から年代別 1 人当たり支出額を差し引くことで求める。『家計調査』では「2 人以上の世帯」（世帯数を N_T とする）とその内数である「勤労者世帯」（世帯数を N_E とする）のデータが入手可能である。勤労者世帯以外の世帯には、自営業者世帯（世帯数を N_S とする）と無職者世帯（世帯数を N_R とする）が含まれる。このため、『労働力調査』のデータを用いて N_S、N_R を求める。『労働力調査』の年齢別の雇用者数と自営業主数の比率（N_S/N_E）を計算し、この比率を『家計調査』の N_E に掛け合わせることにより N_S を計算する。N_R は次の (4) 式により計算される。

$$N_R = \max \{ N_T - N_E - N_S, \, 0 \} \tag{4}$$

　(4) 式は、2 人以上世帯全体の総数から、勤労者世帯数と自営業者世帯数を控除したものが、無職者世帯になることを示している。

　年代別 1 人当たり収入額については、勤労者世帯と自営業者世帯の収入が等しいと仮定し、次の (5) 式のとおり計算される。

　　年代別 1 人当たり収入額
　　　＝｛(勤労者世帯の実収入 − 税・社会保険料) × (N_E＋N_S)
　　　　＋2 人以上世帯の社会保障給付額×N_R｝
　　　÷(2 人以上世帯の集計世帯数×世帯人員数)　　　　　　　　(5)

　(5) 式の勤労者世帯の実収入は、税・社会保険料の支払い前の数字であるため、貯蓄額の計算のベースとなる収入額の算出にあたっては、税・社会保険料を控除する。無職者世帯の収入は、2 人以上世帯の社会保障給付額に等しくなると仮定している。こうして求めた有職者世帯（勤労者世帯と自営業

補章　日本の財政危機の時期　　　157

者世帯）と無職者世帯の各年代の収入額総額を1人当たり収入額に変換する
ため、集計世帯数に世帯人員を掛けて求める各年代の人数で除している。

　年代別1人当たり支出額についても、勤労者世帯と自営業者世帯の支出が
等しいと仮定し、次の (6) 式により計算される。

　　　年代別1人当たり支出額
　　　　={(勤労者世帯の実支出−税・社会保険料)×（N_E+N_S)
　　　　　+2人以上世帯の消費支出額×N_R}
　　　　÷(2人以上世帯の集計世帯×世帯人員数)　　　　　　　　　　(6)

　(6) 式の勤労者世帯の実支出は、税・社会保険料が含まれるため、これを
控除した額に有職者世帯の世帯数を掛けている。無職者世帯の支出額につい
ては、2人以上世帯の消費支出額に等しいと仮定している。

　(5) 式と (6) 式の差を計算することで (3) 式の s_{it} が計算される。一方、
(3) 式の Y_t/P_t（1人当たり GDP）については、『家計調査』をベースとして次
の (7) 式により計算する。

　　　Y_t/P_t={(勤労者世帯の実収入−社会保障給付)×(N_E+N_S)}
　　　　　　÷(2人以上世帯の集計世帯数×世帯人員数)　　　　　(7)

　(7) 式では、(5) 式と異なり、家計による付加価値の創造に当たらない社
会保障給付が控除される一方、税・社会保険料は控除されない[8]。無職者世帯
については、GDP への寄与がゼロと仮定されている。

　(5)～(7) 式により、(3) 式右辺の括弧内の年代別貯蓄率が計算される。こ
うして計算された年代別貯蓄率の2005～2014年の10年間の平均をとり[9]、こ
の数値が将来にわたり変化しないと仮定する。(3) 式の家計部門全体の貯蓄
率は、年代別貯蓄率に『日本の将来推計人口』から計算した年齢別人口ウェ
イト（P_{it}/P_t）を掛けて加重平均することで求める。

　最後に、(3) 式により計算された家計貯蓄率(▲0.8%)が2014年度の SNA
から計算した GDP 比の家計貯蓄率（0.0%）と一致するように、両者の差を
推計で求めた将来の各年度の家計貯蓄率に加減することで調整する[10]。

　一方、政府債務残高の推計については、第5章と同様、将来の政府支出・

158

政府収入を第2章で述べた世代会計の基本推計における将来推計と同じ手法により推計することにより、将来の政府債務残高を求める[11]。

3 基本推計の結果

前節で述べた手法による家計貯蓄率、民間貯蓄残高、政府債務残高、財政危機の発生時期の推計結果を示すとともに、Hoshi and Ito（2014）との比較を行う[12]。

まず、家計貯蓄率および民間貯蓄残高の推計結果から概観する。『家計調査』『労働力調査』から推計される年代別貯蓄率は、図 A.1 のとおり 59 歳以下の年代はプラス、60 歳以上の年代はマイナスとなった[13]。Hoshi and Ito（2014）と比較すると[14]、全体の傾向は一致したが、50 歳以上の年代は年代別貯蓄率が Hoshi and Ito（2014）よりもやや低く推計されている。高齢世代の貯蓄率低下は、2000 年以降に高齢世代の収入や就業率が低下した影響が大きい[15)16]。

この年代別貯蓄率をベースとして（3）式により算出した家計貯蓄率の推計結果をみると、Hoshi and Ito（2014）と比べて大幅に低く推計される（図 A.2参照）[17]。この要因は、足元の SNA の家計貯蓄率の低下のほか[18]、Hoshi and Ito（2014）では 80 歳以上の人口をゼロと仮定していること[19]、年代別貯蓄率について本章推計の方が低く推計されていることが考えられる。

民間貯蓄残高対 GDP 比については、家計貯蓄率が Hoshi and Ito（2014）より低く推計されるため、Hoshi and Ito（2014）の推計では増加を続けるのに対し、本章の $\theta = 0.5$ のケースでは緩やかに減少する推計結果となった（図 A.3参照）。2040 年度の民間貯蓄残高対 GDP 比は Hoshi and Ito（2014）の約 450%に対し、本章の推計では 215% となった[20]。

次に政府債務残高の推計結果をみる。調整済みネット債務は、本章の推計でも増加傾向で推移するが（図 A.3 参照）、Hoshi and Ito（2014）の 2040 年度GDP 比 600% 超に対し[21]、本章の推計では 323% と低く推計されている。この差異の要因として、政府収入の推計の違いがある。Hoshi and Ito（2014）では、税・社会保険料の合計を GDP 比 30% で一定としているのに対し、本章

補章　日本の財政危機の時期

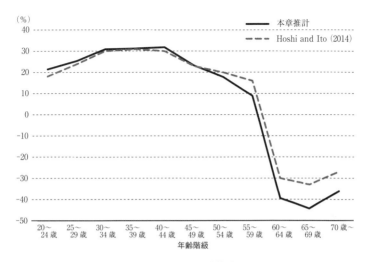

図 A.1　年代別貯蓄率

(出典) Hoshi and Ito (2014) および筆者推計

の推計では2019年度までに34%に上昇した後ほぼ一定となっている。これは、本章の推計において消費増税や年金保険料引上げを反映した結果である。本章の推計で、税・社会保険料の合計を対GDP比30%で一定と仮定すると、2040年度の調整済みネット債務対GDP比が438%となり、Hoshi and Ito (2014) の水準に少し近づく。

本章の推計による財政危機の発生時期については、$\theta=0.5$、$\theta=1$ のケースで、政府債務残高が民間貯蓄残高を上回る時期はそれぞれ2032年度、2035年度となり、Hoshi and Ito (2014) の2027年度よりも遅くなる（図 A.3、表 A.1 参照）。

この要因としては、足元の家計貯蓄率の低下から民間貯蓄残高が減少するものの、消費増税や年金保険料引上げの反映により政府債務残高が低く推計されることから、$\theta=0.5$ のケースでは Hoshi and Ito (2014) の財政危機の発生時期よりも5年遅れる結果となった。$\theta=1$ のケースでは、本章では2026年度以降の金利を経済成長率に2.0%を加えた水準としている影響から、民間貯蓄残高の $\theta=0.5$ のケースとの乖離が大きくなるため、Hoshi and Ito (2014) の財政危機の発生時期よりも8年遅れる結果となった。

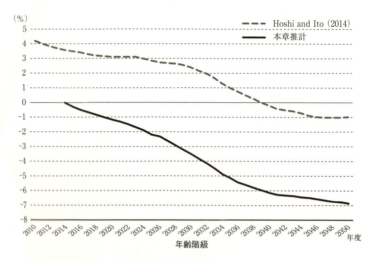

図 A.2 家計貯蓄率の推移（対 GDP 比）

（出典）Hoshi and Ito（2014）および筆者推計

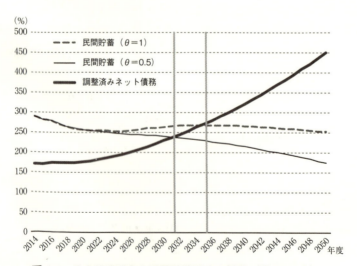

図 A.3 政府債務残高と民間貯蓄残高の推移（対 GDP 比）

（出典）筆者推計

Hoshi and Ito（2014）の成長率・金利の仮定（労働生産性上昇率＝1.05％、金利＝経済成長率か基準年度の金利の高い方）に従って、財政危機の発生時期を推計すると、$\theta = 0.5$、$\theta = 1$ のケースでそれぞれ 2033 年度、2034 年度となった。金利と経済成長率の差が縮小することにより、$\theta = 0.5$、$\theta = 1$ のケースの推計結果の差が縮小するが、本章の推計結果（$\theta = 0.5$、$\theta = 1$ のケースでそれぞれ 2032 年度、2035 年度）と概ね近い結果となり、本章の推計手法の頑健性が確認された。

4 頑健性の検証

前節では、Hoshi and Ito（2014）の手法をベースとして、家計貯蓄率、民間貯蓄残高および政府債務残高の将来推計を行い、財政危機の発生時期を推計した。今後のさらなる少子高齢化の進展を見据えると、家計貯蓄の動向が、財政危機の発生時期に大きな影響を与えると考えられる。

本節では、多様な貯蓄の推計による頑健性の検証を行い、家計貯蓄の推計を中心に改善の余地を探る。具体的には、(1) 世帯数推計を用いた家計貯蓄率の推計、(2) 家計所得比を用いた家計貯蓄率の推計、(3) マクロ統計に基づく家計貯蓄率の推計、(4) 高齢世代の就業率を変化させたシミュレーション、(5) 企業の現金・預金減少のシミュレーション、(6) 海外部門による公債保有を考慮した拡張の 6 種類の推計を行う。

(1)〜(3) は異なるデータや手法を用いて推計することで Hoshi and Ito（2014）の手法の頑健性を検証する分析であり、(4) および (5) は Hoshi and Ito（2014）の前提となる数字を変化させると家計貯蓄率や財政危機の発生時期にどのような影響があるかをみる分析である。(6) は政府債務残高が民間貯蓄残高を上回る状態を「財政危機」と定義している Hoshi and Ito（2014）の枠組みに海外部門による一定の公債引受けを考慮した拡張を行う分析である。

4.1 世帯数推計を用いた家計貯蓄率の推計

Hoshi and Ito（2014）においては、『家計調査』の世帯データを用いて年代

別貯蓄率を計算し、『日本の将来推計人口』における年齢別人口ウェイトを掛けて家計部門全体の貯蓄率を推計している。『家計調査』の年齢階級別データは、世帯主の年齢を用いているため、『家計調査』の世帯データから計算した数字に世帯数ではなく人口を掛けることで、家計貯蓄率の数字が不正確になる可能性がある。このため、人口推計の代わりに世帯数推計を用いて家計貯蓄率の推計を行う。

準備作業として、世帯主の年齢別世帯数推計表の作成を、国立社会保障・人口問題研究所『日本の世帯数の将来推計』（2013 年 1 月推計）を用いて行う。『日本の世帯数の将来推計』は世帯主の 5 歳刻みの年齢別で、2010～2020 年、2025 年、2030 年、2035 年の推計結果が示されており、これを拡張して 1 歳刻み・毎年度の世帯数推計表の作成を行う。[22]

人口に対する世帯主の割合は、未婚者が多い若年世代では低く、ある程度の年齢までは年齢が上がるにつれて上昇する傾向がある。[23] このため、2010 年における世帯主年齢の分布をみると、人口分布に比べて若年世代の割合が低く、中年・高齢世代の割合が高くなっている。

『日本の世帯数の将来推計』は単身世帯も含まれる一方、『家計調査』の「2 人以上世帯」は単身世帯が除かれており、推計が不正確となる可能性がある。この問題を解消するため、『家計調査』の「2 人以上世帯」に代えて単身世帯を含む「総世帯」のデータを用いることとする。[24]

年代別貯蓄率の推計結果については、世帯数推計を用いた方が人口推計を用いた場合に比べて高い傾向が確認される（図 A.4 参照）。この要因としては、①20 歳代については単身世帯が貯蓄率を押し上げたこと、②計算上世帯人員が多い年代（30 歳代、40 歳代）ほど世帯数を用いた年代別貯蓄率の絶対値が大きくなることがある。[25]

こうして計算された年代別貯蓄率をベースに推計された家計貯蓄率をみると、世帯数推計を用いた方が人口推計を用いたケースに比べて将来の家計貯蓄率のマイナス幅が縮小する（図 A.5 参照）。[26] (3) 式による計算上は両推計の差が 3～4％ポイント程度で推移するが、[27] 基準年度（2014 年度）において計算した家計貯蓄率に一致させる調整を行うため、両推計の差は最大 1％ポイント程度となっている。

補章　日本の財政危機の時期　　163

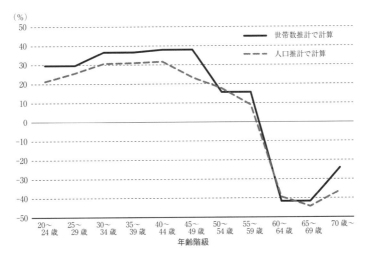

図 A.4　世帯数推計を用いた場合の年代別貯蓄率の比較

(出典) 筆者推計

　財政危機の発生時期については、人口推計を用いた基本推計が $\theta=0.5$、$\theta=1$ のケースでそれぞれ 2032 年度、2035 年度であるのに対し、世帯数推計を用いた場合は $\theta=0.5$、$\theta=1$ のケースでそれぞれ 2033 年度、2036 年度と若干遅くなる結果が示された（図 A.6、表 A.1 参照）。

　Hoshi and Ito (2014) における世帯ベースの年代別貯蓄率に年齢別推計人口を掛ける手法は、家計貯蓄率のマイナス幅が過大に推計され、財政危機の発生時期がやや早くなる方向に推計されている可能性があることが示された。[28]

4.2　家計所得比の家計貯蓄率の推計

　Hoshi and Ito (2014) においては、『家計調査』を中心としたデータからGDP比の家計貯蓄率を計算し、最終的に GDP 比の政府債務残高と民間貯蓄残高の比較を行っている。GDP 比の家計貯蓄率の計算にあたっては、(3) 式のとおり、s_{it} を Y_t/P_t で割ることで年代別貯蓄率を求め、年代別貯蓄率に各年代の人口ウェイトを掛けて加重平均している。

　Y_t/P_t は、(7) 式のとおり『家計調査』における家計部門の収入額をベースとして計算している。しかしながら、マクロベースの GDP には家計所得の

ほかに企業所得が含まれており[29]、企業所得を考慮することなく家計部門の収入額をベースとして計算したY_t/P_tは過少推計になると考えられる。このため、(3) 式の分母である1人当たりGDPが小さくなり、GDP比の家計貯蓄率の絶対値が過大に推計される可能性がある。

この可能性を検証するため、(3) 式の括弧内の分母のY_t/P_tに代えて、1人当たり家計所得（H_t/P_t）を用いて[30]、GDP比でなく家計所得比の家計貯蓄率（S_t/H_t）を推計する。S_t/H_tは次の (8) 式で表される。

$$\frac{S_t}{H_t} = \sum_{i=0}^{t} \frac{P_{it}}{P_t} \left(\frac{s_{it}}{H_t/P_t} \right) \tag{8}$$

右辺括弧内の分母H_t/P_tは、(5) 式により計算される年代別1人当たり収入額に人口ウェイト（P_{it}/P_t）を掛けて加重平均することで求める。年代別1人当たり貯蓄額をH_t/P_tで割ることで年代別貯蓄率を求め、人口ウェイトで加重平均することでS_t/H_tを計算する。

こうして計算したS_t/H_tは家計所得比であるため、(3) 式により計算されるGDP比の家計貯蓄率（S_t/Y_t）とそのまま比較できない。また、財政危機の発生時期の推計にあたって、GDP比の民間貯蓄残高と調整済みネット債務と比較する必要があるため、家計貯蓄率をGDP比に換算する。GDP比の家計貯蓄率への換算方法については、家計所得比の家計貯蓄率（S_t/H_t）にSNAの家計所得を掛けGDPで割ることで、GDP比の家計貯蓄額（S_t/Y_t）を求めることができる[31]。

推計の結果、家計所得比を用いると家計貯蓄率のマイナス幅が大幅に縮小することが示された（図 A.5 参照）。Hoshi and Ito (2014) の手法による (7) 式のY_t/P_tの推計には企業貯蓄が含まれないことから、(3) 式右辺の分母が過小に推計され、家計貯蓄率の絶対値が過大に推計される可能性が示された。

財政危機の発生時期の推計結果をみると、GDP比の家計貯蓄率を用いた基本推計が$\theta=0.5$、$\theta=1$のケースでそれぞれ2032年度、2035年度であるのに対し、家計所得比の家計貯蓄率を用いた場合は$\theta=0.5$、$\theta=1$のケースでそれぞれ2033年度、2039年度となり財政危機が遅くなる結果が示された（図 A.6、表 A.1 参照）。

補 章　日本の財政危機の時期　　165

　Hoshi and Ito（2014）における GDP 比の家計貯蓄率を求める手法は、1 人当たり GDP の算出に企業所得を考慮していないことから、家計貯蓄率の絶対値が過大推計（本章推計では家計貯蓄率のマイナス幅が過大）となっていると考えられる。

4.3　マクロ統計に基づく家計貯蓄率の推計

　『家計調査』などのミクロ統計から計算した家計貯蓄率と SNA の家計貯蓄率は乖離が大きいことが先行研究で指摘されており、家計貯蓄率の推計にあたって『家計調査』のミクロ統計を用いる妥当性について、マクロ統計を用いた回帰分析による貯蓄関数の推計結果との比較により検証する。

　家計貯蓄率の推計にマクロ統計を用いた先行研究としては、小林・大野（2010）がある[32]。小林・大野（2010）では、SNA ベースの家計貯蓄率を家計金融資産（負の影響）、預金利子率（正の影響）、従属人口比率（負の影響）の 3 つのマクロ統計で回帰することで貯蓄率関数を推定し、貯蓄率関数に従って将来の家計貯蓄率を推計している。推計の結果、3 変数が家計貯蓄率の決定に有意に影響していることを示した。さらに、貯蓄率関数を用いた従属人口比率を変化させた将来推計により、将来の家計貯蓄率の低下を予測している。

　小林・大野（2010）の研究の主眼は、貯蓄率関数を推計し、将来の家計貯蓄率の方向性を予測することであった。本節では Hoshi and Ito（2014）の頑健性の検証を目的として、小林・大野（2010）の手法をベースとして家計貯蓄率の将来推計を行う。

　小林・大野（2010）とデータの期間を同一（1981〜2008）にして貯蓄率関数の推定を行うと、家計金融資産対 GDP 比（w）、預金利子率（r）、従属人口比率（d）の 3 変数が有意となり[33]、小林・大野（2010）とほぼ整合的な結果が得られた。

　推計期間を 2014 年まで延伸して推計を行うと、次の（9）式のとおりとなる（括弧内は t 値）。3 変数が有意となったほか、修正済み決定係数は 0.960 となり、小林・大野（2010）より若干低下したものの高い説明能力が示された。

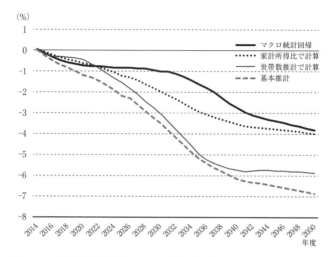

図 A.5　多様な推計手法による家計貯蓄率の推移（対 GDP 比）

（出典）筆者推計

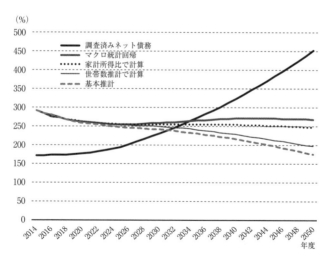

**図 A.6　家計貯蓄率の推計手法を変更した場合の民間貯蓄残高の推移
　　　　（対 GDP 比）（$\theta = 0.5$）**

（出典）筆者推計

補 章　日本の財政危機の時期　　　167

$$家計貯蓄率（\%）=36.3-7.07w+1.15r-0.24d$$
$$(-9.0)\quad(5.0)\quad(-4.1)\qquad(9)$$

　回帰分析により推定した貯蓄率関数を用いて、小林・大野（2010）と同様、金融資産残高対 GDP 比と預金利子率を将来にわたり一定として、従属人口比率を変化させて将来推計を行う。従属人口比率は、高齢化の進展を反映して将来にわたり上昇傾向となっている。

　小林・大野（2010）の家計貯蓄率は、家計所得に対する比率であるので（3）式により計算された GDP 比の家計貯蓄率との比較を可能にするため、前述の手法により GDP 比の家計貯蓄率に変換する。推計結果をみると、基本推計より大幅に家計貯蓄率のマイナス幅が縮小し、家計所得比を用いた場合と全体的に近い傾向となった（図 A.5 参照）[34]。これにより、家計所得比を用いた推計の妥当性が確認されたと考えられる。

　財政危機の発生時期の推計結果をみると、$\theta=0.5$、$\theta=1$ のケースでそれぞれ 2034 年度、2041 年度となり、$\theta=0.5$ のケースで基本推計よりも 2 年、$\theta=1$ のケースで基本推計よりも 6 年遅くなる（図 A.6、表 A.1 参照）。図 A.6 の民間貯蓄残高の推移をみると、家計所得比で家計貯蓄率を計算したケースとほぼ同じ動きを示しており、マクロ統計に基づく家計貯蓄率の推計が家計所得比を用いた推計と整合的であることが示された。

4.4　就業率変化のシミュレーション

Hoshi and Ito（2014）においては、年代別貯蓄率は一定で将来にわたり変化しないとの仮定が置かれている。しかしながら、祝迫・岡田（2009）、祝迫（2012）が指摘しているように、1990 年代から 2000 年代の家計貯蓄率の低下に、高齢世帯を中心とした年代別貯蓄率の低下が寄与している可能性がある。

　このため、将来にわたり年代別貯蓄率が一定としている Hoshi and Ito（2014）の仮定を緩め、家計貯蓄率の推計を行う。年代別貯蓄率の低下の要因としては、収入の変化と就業率の変化が考えられるが[35]、収入の変化は景気動向などの影響が大きいため、ここでは高齢世代の就業率を変化させたシミュレーションを行う。

本章の推計における就業率は、勤労者世帯数と自営業者世帯数の合計が総世帯数に占める割合 $(N_E+N_S)/NT$ として表される。就業率が上昇すると、(5) 式の (N_E+N_S) が大きくなることから1人当たり収入額が増加することとなる。[36]

2000年以降の年代別就業率の変化をみると、若年世代は大きな変化はないが、高齢世代は60～64歳が上昇傾向、65～69歳および70歳以上が低下傾向となっている（図A.7参照）。[37)38)] 60～64歳の上昇の要因ははっきりしないが、年金の受給開始年齢の60歳から65歳への引上げが影響した可能性が考えられる。65～69歳および70歳以上の低下傾向については、経済の低迷の影響が考えられる。

本節では、2024年度までの10年間で、①60歳以上の就業率が5％ポイント低下した場合（ただし70歳以上については、2014年の就業率5.3％から半減）[39)]、②65歳以上の就業率が10％ポイント上昇した場合のシミュレーションを行う[40)]。

推計の結果、就業率を変化させた場合の家計部門全体の貯蓄率は、基本推計と比べて、就業率低下の場合は2050年度までに2％ポイント程度低下、就

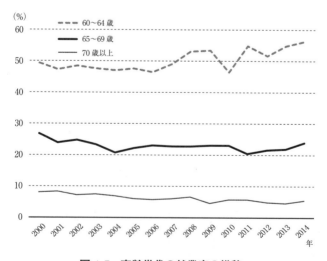

図A.7　高齢世代の就業率の推移

（出典）『労働力調査』より筆者作成

業率上昇の場合は 4％ポイント程度上昇することが確認された（図 A.8 参照）。今後、高齢世代の就業を促進する政策により、高齢世代の就業率を上昇させることにより、家計貯蓄率の上昇に結びつく可能性がある。

財政危機の発生時期についてみると、高齢世代の就業率低下の場合は $\theta = 0.5$、$\theta = 1$ のケースでそれぞれ 2030 年度、2032 年度、就業率上昇の場合はそれぞれ 2035 年度、2041 年度となる（図 A.9、表 A.1 参照）。高齢世代の就業率低下の場合は財政危機の発生時期が早くなり、就業率上昇の場合は遅くなる。今後、高齢世代の就業を促進する政策により、高齢世代の就業率が増加させることで財政危機の時期を遅らせることができる可能性がある。

4.5 企業の現金・預金減少のシミュレーション

本章の基本推計では、企業部門における 2014 年度の国債購入可能額として、241 兆円（現金・預金）および 11 兆円（国債等保有額）が含まれている。[41] 企業が保有する現金・預金は、Hoshi and Ito（2014）に倣い将来にわたり一定としているが、今後企業が設備投資を増加させる場合には一部取り崩す[42] ことが予想される。[43]

将来、企業が設備投資を増加させる場合に、現金・預金を取り崩すのではないかとの懸念に対応して、企業部門が保有する現金・預金が減少した場合に財政危機の発生時期に与える影響のシミュレーションを行う。本章では、①今後 10 年間で企業の現預金が 60 兆円減少、②今後 10 年間で企業の現預金が半減（120 兆円減少）の 2 通りのケースについて推計を行う。[44][45]

財政危機の発生時期の推計結果をみると、企業の現金・預金が 10 年間で 60 兆円減少する場合 $\theta = 0.5$、$\theta = 1$ のケースでそれぞれ 2030 年度、2034 年度、10 年間で 120 兆円減少する場合はそれぞれ 2029 年度、2032 年度となり、財政危機の発生時期が早まることとなる（図 A.10、表 A.1 参照）。

Hoshi and Ito（2014）においては、企業部門の毎期の貯蓄を将来にわたりゼロと仮定している。近年、企業貯蓄は大幅なプラスで推移しており、今後企業の資金需要が増加したとしても、ただちに現金・預金の大幅な取り崩しにつながることは考えにくいが、[46] 将来の民間貯蓄残高の考慮にあたっては企業部門の動向にも留意する必要があろう。

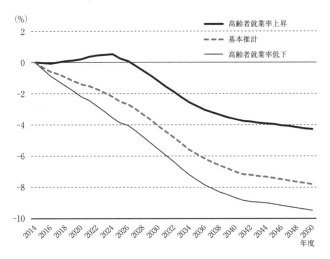

図 A.8　就業率を変化させた場合の家計貯蓄率の推移

(出典) 筆者推計

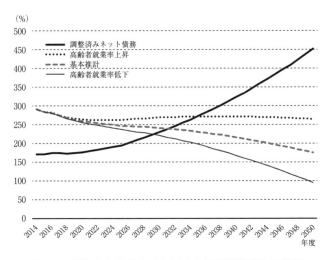

**図 A.9　就業率を変化させた場合の民間貯蓄残高の推移
（対 GDP 比）（$\theta = 0.5$）**

(出典) 筆者推計

補章　日本の財政危機の時期

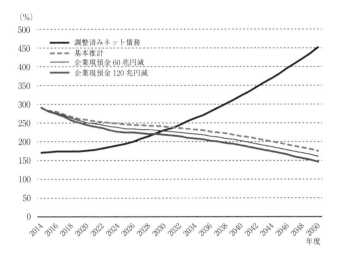

図 A.10　企業部門の現金・預金が減少した場合の民間貯蓄残高（対 GDP 比）（$\theta = 0.5$）

(出典) 筆者推計

4.6　海外部門による公債保有を考慮した拡張

本章の分析の基本となる枠組みは、Hoshi and Ito（2014）に倣い、政府債務残高が民間貯蓄残高を上回る状態を「財政危機」と定義しているが、ここでは海外部門による一定の公債引受けを考慮した拡張を行う。

4.6.1　背景

Hoshi and Ito（2014）が想定する世界においては、政府債務残高が国内の民間貯蓄残高を超え、海外部門に引き受けてもらわざるを得ない状況になれば、ギリシャのような財政混乱が起きるという意味で、「財政危機」が発生すると定義している。しかしながら、海外の投資家が国内の投資家と同様に、公債を長期にわたり安定的に保有する場合、その保有分は公債の引受余力とみなすことができると考えられる。日本政府も国債保有者層の多様化や長期安定保有の促進の観点から、海外 IR を進めてきている。

海外部門の国債保有割合（国庫短期証券を含む）は上昇を続けてきており、2016 年末現在で 10.5％となっている[47]。こうした状況を踏まえ、海外部門に政

府債務の10％までを引き受けてもらう場合、20％を引き受けてもらう場合について、財政危機の発生時期への影響を分析する。

4.6.2 モデル

本章のこれまでの分析においては、第5章の(8)式で計算される調整済みネット債務（D_t）が本章の(2)式で計算される民間貯蓄残高（A_t）を上回る時点を財政危機の発生時期としている。財政危機発生の条件は、次の(10)式で表され、(10)式を満たす t が財政危機の発生時期となる。

$$D_t > A_t \tag{10}$$

海外部門による政府債務引受けを考慮する場合、右辺の A_t に海外部門による政府債務の引受余力（F_t）を加えて、(10)式を次の(11)式のとおり修正する。

$$D_t > A_t + F_t \tag{11}$$

(11)式の右辺の F_t を左辺に移項すると、次の(12)式のとおり変形できる。

$$D_t - F_t > A_t \tag{12}$$

左辺は国内で消化しなければならない政府債務残高を示しており、これが民間貯蓄残高を超える状態になると、財政危機に陥ることを示している。

これを図示したのが、図A.11である。海外部門による公債引受けを考慮することにより、国内で消化すべき政府債務が減少するため、調整済みネット債務の曲線が下方にシフトする。これにより、財政危機の発生時期が基本推計に比べて遅くなることになる。

財政危機の発生時期の推計結果をみると、海外部門に政府債務の10％を引き受けてもらう場合 $\theta = 0.5$、$\theta = 1$ のケースでそれぞれ2034年度、2038年度、20％を引き受けてもらう場合はそれぞれ2037年度、2041年度となる（図A.11、表A.1参照）。

補 章　日本の財政危機の時期　　　173

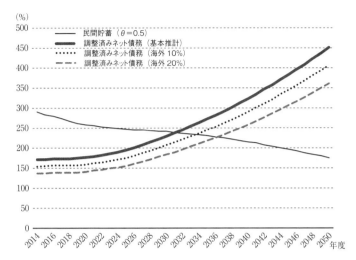

図 A.11　海外部門による公債引受けを考慮した債務残高と民間貯蓄残高
　　　　　　（対 GDP 比）（θ=0.5）

（出典）筆者推計

表 A.1　財政危機の発生時期の比較

	$\theta=0.5$	差	$\theta=1$	差
Hoshi and Ito（2014）	2027	▲5	2027	▲8
基本推計	2032	—	2035	—
(1) 世帯数推計で計算	2033	1	2036	1
(2) 家計所得比で貯蓄率を計算	2033	1	2039	4
(3) マクロ変数で回帰分析	2034	2	2041	6
(4) 高齢世代の就業率低下	2030	▲2	2032	▲3
高齢世代の就業率上昇	2035	3	2041	6
(5) 企業の現預金 60 兆円減少	2030	▲2	2034	▲1
企業の現預金 120 兆円減少	2029	▲3	2032	▲3
(6) 海外投資家 10％保有考慮	2034	2	2038	3
海外投資家 20％保有考慮	2037	5	2041	6
(1) および (2) を改善した推計	2034	2	2039	4

（注）数字は財政危機の発生年度、差は基本推計との比較を示す。

（出典）筆者推計

5 おわりに

本章では、多様な貯蓄の推計により、Hoshi and Ito (2014)の頑健性の検証を行った。検証の結果、(1) 世帯数推計を用いて家計貯蓄率を計算、(2) 家計所得比で家計貯蓄を計算の2点の改善の余地があると考えられる。これらの改善を合わせた推計の結果、足元のSNAの家計貯蓄率低下を受けた家計貯蓄のマイナス幅が相当程度縮小することとなる。財政危機の発生時期は $\theta=0.5$、$\theta=1$ のケースでそれぞれ2034年度、2039年度となり、基本推計の2032年度、2035年度と比べて遅くなる結果となった（表A.1参照）。

ただし、本章の分析では、将来の民間貯蓄残高や政府債務残高を単純化した枠組みで推計しており、推計された財政危機の発生時期については、相当の幅を持ってみる必要がある。また、政府債務残高の増加が金利に影響する可能性や金融機関の行動変化の可能性を考慮しておらず[48]、こうしたリスクを踏まえると、財政危機を回避するため早めに財政健全化に取り組む必要がある。

本章ではさらに、Hoshi and Ito (2014)における年代別貯蓄率は一定で将来にわたり変化しないとの仮定および企業部門が保有する現金・預金が金利分を除き一定との仮定を緩めた場合のシミュレーションを行った。

高齢世代の就業率を変化させる推計と企業部門が保有する現金・預金を変化させる推計の結果、これらの変化が民間貯蓄残高の変化を通じて、財政危機の発生時期に影響を与える可能性が示された。今後高齢世代の就業を促進する政策により、高齢世代の就業率が上昇すれば、財政危機の発生時期を遅くできる可能性がある。また、将来の設備資金や海外投資の増加により企業の現金・預金が減少すると、財政危機が早まる可能性があるため、企業部門の資金動向にも留意する必要があることが示された。

注

1) OECD "Economic Outlook No.98" による。

2) 過去の破綻事例は Reinhart and Rogoff（2009）に詳しい。

3) 第5章「3.1 民間貯蓄残高の推計」と重複する部分も多いが、本章における説明を明瞭にするため、Hoshi and Ito（2014）における民間貯蓄残高の推計手法の説明を一通り記述する。なお、財政危機の発生時期の推計に必要となる政府債務残高の推計手法については、第5章「3.3 政府債務残高の推計」と同一であるため説明を省略する。

4) Hoshi and Ito（2014）においては、企業部門の保有する現金・預金、国債・財投債の額を一定とすることについて、近年企業貯蓄がプラスで推移していることを踏まえれば保守的すぎるかもしれないが、近い将来の投資活動や海外への直接投資やM&Aを考慮すれば妥当であると述べている。第4節で企業部門の保有する現金・預金、国債・財投債の額を変化させたシミュレーションを行う。

5) 家計貯蓄額の家計所得に対する割合として計算される通常の家計貯蓄率とは定義が異なる。Hoshi and Ito（2014）では、GDP 比の家計貯蓄率から GDP 比の民間貯蓄残高を計算することで、GDP 比の政府債務残高と比較することを可能としている。

6) 本章では、GDP 比の家計貯蓄率を用いる推計の頑健性を検証するため、家計所得比で計算した家計貯蓄率を用いた推計を第4節で行う。

7) Hoshi and Ito（2014）においては、人口を N_t、i 年生まれ人口を N_{it} としているが、第5章および本章においては、総世帯数を N_t、i 年生まれ世帯数を N_{it} と表記し、人口を P_t、i 年生まれ人口を P_{it} と表記する。

8) Hoshi and Ito（2014）では、Y_t/P_t について "income before taxes and transfers" と記述されている。『家計調査』の実収入は、税・社会保険料の支払い前である一方、社会保障給付の受給後の数字であるため、実収入から社会保障給付を控除した数字を用いている。

9) Hoshi and Ito（2014）では 2000～2010 年の 11 年間の平均。

10) Hoshi and Ito（2014）では "aggregate saving rate" に一致させるとしているが、詳細が示されていないため、本章では家計部門の「貯蓄（純）」の GDP に対する割合とした。

11) 第5章 3.3 参照。

12) Hoshi and Ito（2014）は、複数の成長率・金利を仮定して推計を行っている。ここでは、労働生産性上昇率＝1.09％、金利＝経済成長率（経済成長率が基準時点の金利1.3％を下回る場合は 1.3％）のケースとの比較を行う。

13) 若年世代・中年世代の方が高齢世代に比べて高くなっており、ライフサイクル仮説と整合的である。

14) Hoshi and Ito（2014）では正確な数値が示されていないため、グラフから数値を読み取った。

15) Hoshi and Ito（2014）の年代別貯蓄率は 2000〜2010 年の平均で計算するのに対し、本章の推計では 2005〜2014 年の平均で計算しており、厳密には 2000〜2004 年と 2011〜2014 年の高齢世代の収入の差が、両推計における年代別貯蓄率の差に反映される。

16) Hoshi and Ito（2014）と同じ期間（2000〜2010）のデータを用いて年代別貯蓄率を推計した場合でも、50 歳以上の年代別貯蓄率が若干低く推計される。この不一致の原因ははっきりしないが、自営業者世帯数（N_S）の推計の影響を受けやすい 50〜64 歳世代で乖離が大きくなっていることから、『労働力調査』を用いる N_S/N_E の推計に起因する可能性がある。

17) Hoshi and Ito（2014）では正確な数値が示されていないため、グラフから数値を読み取った。

18) Hoshi and Ito（2014）の 2010 年度 4.2％に対し、本章の推計では 2014 年度 0.0％となっている。

19) 80 歳以上人口の捨象により、貯蓄率がマイナスの世代の人数が少なくなるため家計貯蓄率が過大推計されている可能性がある。本章の推計では、80 歳以上の人口をゼロとする仮定を改善し、本章の世代会計の仮定と同様、95 歳以上の人口をゼロと仮定している。

20) 基準年度の SNA の家計貯蓄率が、Hoshi and Ito（2014）の水準（4.2％）として推計すると、2040 年度の民間貯蓄残高対 GDP 比が 335％となり、Hoshi and Ito（2014）に少し近づく。

21) 2040 年度 600％超の値は、調整済みネット債務を推計している先行研究の Doi, Hoshi and Okimoto（2011）や Hoshi and Ito（2013）と比較しても大幅に高い水準となっている。

22) 具体的には、①5 歳刻みで示されている世帯数を人口比により按分することで 1 歳刻みに変換、②データ空白年を線形補完、③ 2036 年以降は人口推計で得られる人口に対する世帯主の割合を一定として将来推計する作業を行う。

23) 高齢になると子の扶養に入るケース等から、人口に対する世帯主の割合の若干の低下がみられる。

24)「2 人以上世帯」のデータは 5 歳刻みであるが、「総世帯」は 10 歳刻みでありデータが粗くなる。

25) 人口推計を用いた年代別貯蓄率の計算過程では、(5)〜(7) 式のとおり世帯ベースの数字を集計世帯数と世帯人員数を掛けた値で割ることで 1 人当たりの値を計算するため、世帯人員数の多い年代の貯蓄率の絶対値が過小に推計される可能性がある。

26) 2020 年頃および 2045 年頃から人口推計を用いた場合との乖離幅が大きくなるのは、世帯数が多い年齢層が世代別貯蓄率の高くなる 70 歳以上の区分に入るためであると考えられる。

27) 世帯数推計を用いる場合、(5)〜(7) 式において「集計世帯数×世帯人員数」ではなく「集計世帯数」で割ることで 1 人当たりではなく 1 世帯当たりの額を求める。ま

補章　日本の財政危機の時期　　177

た、(3) 式において、人口ウェイト（P_{it}/P_{it}）ではなく世帯数ウェイト（N_{it}/N_{it}）を掛けることで加重平均する。

28)　両推計の家計貯蓄率は2020年頃までは差がほとんどないため、財政危機の発生時期の差は大きくない。

29)　2014年度は、GDP490兆円に対し、家計所得289兆円となっている。

30)　正確には、家計所得は「家計可処分所得」である。

31)　将来のGDP成長率については、2025年度までは中長期試算に従い、2026年度以降は労働生産性上昇率（1.0％）と生産年齢人口増加率の和として推計する（第2章参照）。将来の家計所得は、GDPより人口構成との相関が高いことから、人口動態を反映した推計を行う。すなわち、基準年度の年齢別1人当たり家計所得額が労働生産性上昇率で伸びると仮定し、これに『日本の将来推計人口』の年齢別人口を掛けることで将来の家計所得額を求める。

32)　内閣府（2005, 2006）においても同様の分析が行われている。

33)　家計金融資産対GDP比は小林・大野（2010）に従い1期前の比率を用いる。従属人口比率は、生産年齢人口（15〜64歳）に対する年少人口（14歳以下）と高齢人口（65歳以上）の合計の比率。

34)　(9) 式の回帰式では人口動態が従属人口比率の1変数に集約されるため、年代別貯蓄率を用いた家計貯蓄率の推計に比べて家計貯蓄率の変動が大きくなる傾向が読み取れる。

35)　家計貯蓄率は、(3) 式により年代別貯蓄率に人口ウェイトを掛けて加重平均することで計算されるため、年代別貯蓄率に人口構成の変化は反映されない。

36)　（$N_E + N_S$）は、(6) 式の1人当たり支出額、(7) 式の1人当たりGDPにも影響するが、(5) 式の1人当たり収入額を通じた年代別貯蓄率への影響が大きくなる。

37)　60〜64歳の2009年、2010年の落ち込みは、グローバル金融危機の影響と考えられる。

38)　『国勢調査』から計算した就業率でみても同様の傾向が確認できる。

39)　65〜69歳の2000年からの変動幅（2000年27％→2013年22％）を参考とした。

40)　60〜64歳の2006年からの変動幅（2006年46％→2014年56％）を参考に、65歳以上についても同様に10年間で就業率を10％上昇させる政策を意識した数字である。

41)　「企業部門」は、正確には「民間非金融法人企業部門」である（伊藤 2015 参照）。

42)　Hoshi and Ito (2014) の「国債購入可能額」は、家計貯蓄残高と企業部門の現金・預金、国債等保有額を合計したものであり、企業借入は控除されていない。このため、企業借入がある場合には「国債購入可能額」の一部が借入に回ることとなる。

43)　(2) 式の再投資分は調整される。

44)　60兆円減少は1989〜2000年度の現預金が160〜170兆円台で推移した水準、120兆円減少は1985年の現預金の水準（114兆円）を参考にした。

45)　2024年度までの10年間、(2) 式から1年当たりの減少分（6兆円、12兆円）を差し引くことで計算する。

46) Hoshi and Ito（2014）では、企業部門の毎期の貯蓄をゼロと仮定とすることについて、近年企業貯蓄がプラスで推移していることを踏まえれば保守的すぎるかもしれないが、近い将来の投資活動や海外への直接投資やM&Aを考慮すれば妥当であると述べている。

47) 財務省「債務管理リポート2017 —国の債務管理と公的債務の現状」参照。

48) Hoshi and Ito（2014）では、政府債務残高対GDP比の上昇が金利に与える影響を定式化して推計を行い、財政危機の時期が早くなることを示している。

終章

1　はじめに

　日本における急速な高齢化の進展や政府債務残高の累増の中で、将来にわたり財政・社会保障の持続可能性を確保していくためには、世代を越えて負担を分かち合う必要があり、世代間公平の考え方が重要となる。

　有権者の高齢化が進むシルバー民主主義の下では、高齢化の進展による社会保障関係費の膨張を抑制することが難しくなるとともに、財政健全化へのインセンティブが弱くなる。このため、受益が負担を上回る状態を続けることにより、政府債務の累増を招き、将来世代に負担をつけ回すことになりがちである。

　将来世代に過重な負担を強いることなく、財政・社会保障の持続可能性を確保するためには、世代間公平を確保することについての国民的な合意が必要となる。世代間公平の問題を議論する際には、世代間格差を定量的に示し可視化することが重要であり、世代会計の活用が期待される。

　世代会計が、世代間格差についての正確でわかりやすい情報を伝えるツールとしての役割を果たすためには、世代会計の意味や手法に対する一定の理解が必要となる。こうした問題意識の下、本書では、世代会計の有効性の検証を行ったうえで、正確でわかりやすい情報を伝えるための手法の拡張を行うことにより、世代会計が世代間格差を評価するツールとして活用できることを示した。

　終章では、あらためて各章のまとめを示し、政策のあり方について考察を

加える。

2 各章のまとめ

　序章では、日本の少子高齢化の進展や厳しい財政状況を述べ、PB や政府
債務残高といった財政指標は世代別に分離された指標ではないことに加え、
「暗黙の債務」が反映されておらず、世代間格差を的確にとらえることができ
ないため、世代会計の活用が期待されることを指摘した。

　また、少子高齢化の進展によるシルバー民主主義の問題が懸念される中
で、高齢世代が若年世代や将来世代の利益を十分に考慮することが社会全体
の利益につながるが、そのためには世代会計による若年世代や将来世代の負
担の可視化が重要であることを指摘した。

　さらに、世代会計の有効性の検証と手法の拡張を 2 つの大きな柱として分
析を進めることにより、世代会計を世代間格差の情報を的確に伝えるツール
として活用されることを目指すことを本書の目的として位置づけた。

　第 1 章では、コトリコフの世代会計の手法および前提条件についての批判
と反論をまとめ、その後の研究における世代会計への批判に対応した手法面
の拡張を類型化して整理することにより、世代会計の有効性と手法の拡張に
ついて論じた。

　手法の拡張では、i) 過去の受益・負担が算入されておらず比較可能なのは
0 歳世代と将来世代のみである、ii) 将来世代のみが先送りされた債務を負担
するとの非対称な仮定が置かれている、iii) 将来世代の純負担は将来世代全
体の平均値で示されるといった指摘に対応して、i) 過去の受益・負担を含め
た手法、ii) 財政の持続可能性を考慮した手法、iii) 将来世代を細分化した手
法の 3 類型にまとめて整理した。

　過去の受益・負担を含めた手法では、0 歳世代と将来世代のみならず、現
在世代に属する各世代との比較が可能となる。財政の持続可能性を考慮した
手法では、将来世代のみが残された政府債務を返済するという非対称な仮定
を修正し、若年世代を中心に現在世代も負担を負うことを示した。

　将来世代を細分化した手法のメリットは、将来世代を全体として定義する

のではなく、現在世代の人々の関心が強い近い将来世代の負担を可視化することができることにある。これにより、高齢世代が将来世代の利益を十分に考慮して政策を選択することとなれば、シルバー民主主義の問題を緩和することにつながると考えられる。

コトリコフの世代会計への批判に対応した手法の拡張や前提の置き方を適切に選択することにより、世代間格差について正確でわかりやすい情報を伝える世代会計の有効性が確保されると考えられる。

第2章では、増島・島澤・村上（2009）、増島・田中（2010a）の手法をベースとした世代会計の手法およびデータについて説明したうえで、実際のデータを用いて2014年度基準の世代会計の推計を行った。推計の結果、世代間格差の指標である生涯純負担率でみると現在世代（0歳世代）の14.8％に対し、将来世代は34.3％となり、現在世代と将来世代の間に大きな世代間格差があることを確認した。

本書の推計結果を2008年度基準の先行研究である増島・田中（2010a）と比較すると、本書の推計における0歳世代と将来世代の生涯純負担率の差の方が小さくなった。この要因を特定するため、消費税率引上げを反映せず消費税率5％で将来にわたり一定として推計を行ったところ、増島・田中（2010a）と近い推計結果が得られ、消費税率引上げが世代間格差の縮小に寄与していることが示された。

また、応用分析として、年金給付のマクロ経済スライドの各世代の負担への影響をみるため、マクロ経済スライドを適用しないと仮定したケースの推計を行った。推計結果は、消費税率引上げを行わないケースとかなり近い結果になった。世代間格差の改善の観点からは、マクロ経済スライドの適用は消費税率引上げと同等の効果を持つと評価できることが示された。

さらに、金利・成長率の仮定を変更した推計を行うことで、推計結果の頑健性を検証した。金利から成長率を差し引いた金利成長率格差一定の下での生産性上昇率の変更は、生涯純負担率にはとんど影響を与えなかった。金利成長率格差を小さくすると、現在世代と将来世代の世代間格差は縮小するものの、依然として大きな世代間格差が残り、現在世代と将来世代の間に大きな世代間格差があるという本書の結論の頑健性が確認された。

第3章では、世代会計における受益・負担の各世代への分配手法の頑健性を検証した。まず、各受益・負担項目について分配データを詳細に分析するため、分配データのみ時点を変更した場合の推計結果と第2章の基本推計結果との比較を行った。総務省『全国消費実態調査』の2014年調査から2009年調査への変更を中心とする分配データ変更の影響については、ほとんどの分配データが安定的で大きな変化はなく、分配データ変更が各世代の生涯純負担率に与える影響はわずかであることが確認された。

第2に、日本の世代会計の先行研究の多くは、データの制約から、『全国消費実態調査』等の世帯ベースの分配データを用いている。本書では、個人ベースの分配データを用いた世代会計の推計を試みることにより、世帯ベースの分配データを用いる妥当性を検証した。推計結果をみると、個人ベースの分配データを用いた場合と世帯ベースの分配データを用いた場合で、各世代の生涯純負担率に大きな差がなく、世帯ベースの分配データを用いる手法に一定の頑健性があることが確認された。

第3に、本書の世代会計の基本推計では、法人税負担は労働者と資本家が半分ずつ負担すると仮定し、所得税負担は所得額に比例すると仮定している。これらの仮定の妥当性を検証するため、法人税負担の帰着の仮定を変更した世代会計の推計、所得税の累進構造を反映した世代会計の推計を行った結果、基本推計との生涯純負担率の差はほとんどなく、法人税・所得税負担の分配手法の頑健性が確認された。

第4章では、世代会計がとらえる個人の政府に対する受益・負担は、私的な世代間移転である遺産により相殺されるのではないかという批判について定量的に検証を加えた。具体的には、民間部門の世代間移転である遺産についての世代別の受益・負担の推計を行い、世代会計の推計結果からの結論が民間部門の遺産を考慮しても有効かどうかの検証を行った。

Barro（1974）の利他的遺産動機を前提とした中立命題が成立する世界では、政府が国債発行によって将来世代の負担を増加させる政策を採用した場合、遺産を同額だけ増加させる形での現在世代から将来世代への世代間移転が図られることから、将来世代の政府に対する負担増が相殺される。

仮に利他的遺産動機が存在せず、死亡時期の不確実性から偶発的に遺産を

遺すという考え方に立つ場合でも、少子高齢化が進展する社会では遺産を受け取る世代の人口が少なくなるため、1人当たりの遺産受取額が大きくなる可能性がある。人口が少ない世代は、賦課方式による社会保障の公的負担が増加することとなるが、公的負担の一部が民間部門の世代間移転である遺産受取の増加により相殺されることが考えられる。

　世代会計の枠組みでは、個人の政府に対する受益・負担に着目しており、遺産などの民間部門の世代間移転が推計に反映されない。本書では、死亡時に保有する資産は30歳年齢が下の世代に遺産として遺すと仮定することにより、民間部門の世代間移転の中心である遺産を考慮し、遺産を含めた各世代の受益・負担の世代間格差の現状を確認した。

　推計の結果、人口が多いベビーブーム世代では1人当たりの遺産受取額が小さくなる一方、ベビーブーム世代の子世代では人口の多い世代が遺した遺産を受け取るため1人当たり遺産受取額が大きくなることが示された。本書の分析により、少子化の進展により親世代よりも人口が少なくなる世代は、遺産受取による受益の増加を通じて少子化による社会保障の公的負担の増加が一部相殺される可能性が示された。

　将来世代については、現在世代からの遺産受取が受益に反映される分だけ生涯純負担率が低下するが、基本推計からの生涯純負担率の低下幅は大きくなく、遺産を考慮しても現在世代との間に大きな格差が残ることが示された。遺産を考慮する場合には世代会計は意味がなく世代間格差は問題とならないという主張は妥当でなく、世代間公平の観点から、現在世代と将来世代の世代間格差を縮小させる政策が望ましいと考えられる。

　第3章、第4章では、世代会計の有効性についての検証を加えたが、第5章では、世代会計の手法の拡張として、財政危機を考慮した世代会計の分析を行った。

　世代会計においては、現在世代の残りの生涯には現行の受益・負担の枠組みが維持される一方、将来世代が先送りされた政府債務を負担するとの仮定が置かれている。しかしながら、財政危機を考慮すると、先送りされた政府債務を将来世代にすべて負担させることはできない可能性がある。ギリシャの財政危機でみられるように、財政危機が起こった時期に生きている世代の

負担が非常に重くなるという現実があり、こうした現実を世代会計でとらえることが、世代間の負担について有益な情報を提供することにつながる。

本書では、Hoshi and Ito（2014）の手法を参考に、政府債務残高が民間貯蓄残高を上回る時点で財政危機が発生すると仮定し、財政危機の発生時期を推計したうえで、財政危機の発生から一定期間に政府がインフレもしくは財政再建策により対応すると仮定し、世代会計を用いてそれぞれのケースで世代間の負担にどのような影響を与えるかを分析した。

本書の分析により、財政危機の発生時期は 2034〜2039 年度と推計され、財政危機の期間（5 年間）には 44〜58％の高率のインフレもしくは 63〜87％という高い消費税率が必要となることが示された。各世代の負担への影響をみると、財政危機の時期に税（もしくはシニョリッジ）負担のウェイトが大きい世代の負担が重くなることが示された。

推計結果から、財政危機を考慮すると政府債務をすべて将来世代に先送りすることが許されず、財政危機の調整期間に生存している現在世代も重い負担を負うことが示された。このため、将来世代だけでなく自分たちの問題として財政健全化を進めていくことが重要であると考えられる。

財政危機の発生時期の違いによる各世代への影響を比較すると、財政危機の発生が遅くなると、その分だけ負担増の中心となる年齢が若くなることに加え、全体的に負担が重くなることが示された。これは、財政危機が遅くなる間に政府債務残高が増加するため、必要なる調整幅が大きくなることが要因である。このため、政府債務残高の増加を抑制する政策により、財政危機を回避もしくは影響を軽減することが重要であると考えられる。

第 5 章の財政危機を考慮した世代会計の分析では、Hoshi and Ito（2014）の手法をベースにして推計した財政危機の発生時期を前提としている。このため、財政危機の発生時期の推計手法についても、その有効性を検証し、手法の改善の余地を探ることは意義があると考えられる。補章においては、Hoshi and Ito（2014）の財政危機の時期の推計について、多様な貯蓄の推計による頑健性の検証を行うとともに、改善された手法を用いて財政危機の時期の推計を行った。

日本の政府債務残高対 GDP 比が世界的にみても高水準であるにもかかわ

らず、これまで国債金利が低い水準にとどまり円滑な国債消化ができている
のは、民間貯蓄が金融機関を通じて国債購入に回っているからとの指摘がな
されている。こうした視点に立ち、Hoshi and Ito（2014）においては、政府債
務残高が民間貯蓄残高を上回る時期を財政危機の発生時期として推計してい
る。

　多様な貯蓄の推計による Hoshi and Ito（2014）の手法の頑健性の検証の結
果、(1) 世帯数推計を用いて家計貯蓄率を計算、(2) 家計所得比で家計貯蓄
率を計算の 2 点の改善の余地があることが示された。これらの改善を合わせ
た推計の結果、財政危機の発生時期は 2034〜2039 年度となり、Hoshi and Ito
（2014）の手法に従った基本推計の 2029〜2032 年度と比べて遅くなる結果が
得られた。

　本書ではさらに、Hoshi and Ito（2014）における年代別貯蓄率は一定で将来
にわたり変化しないとの仮定および企業部門が保有する現金・預金が金利分
を除き一定との仮定を緩めた場合のシミュレーションを行った。

　高齢世代の就業率を変化させる推計と企業部門が保有する現金・預金を変
化させる推計の結果、これらの変化が民間貯蓄残高の変化を通じて、財政危
機の発生時期に影響を与える可能性が示された。今後高齢世代の就業を促進
する政策により、高齢世代の就業率が上昇すれば、財政危機の発生時期を遅
くできる可能性がある。また、将来の設備資金や海外投資の増加により企業
の現金・預金が減少すると、財政危機が早まる可能性があるため、企業部門
の資金動向にも留意する必要があることが示された。

3　政策のあり方

　本節では、本書のこれまでの分析を踏まえ、世代間公平を確保し、将来世
代に過重な負担をかけない政策について考察する。シルバー民主主義の問題
を解決し、世代間公平の確保を図る政策として、①選挙制度の改革、②世代
間公平を確保するための制度等が提案されている（小黒 2017、八代 2016 参
照）。

　選挙制度の改革は、将来を担う世代の意思を選挙に反映させるための選挙

制度の案である。具体的には、Demeny（1986）が提唱した子どもを持つ有権者が子どもに代わって投票するドメイン投票、世代ごとに議席数を配分する年齢別選挙区制のほか、平均余命に応じて議席数を配分する余命投票方式などが提案されている。

こうした選挙制度の改革は、一人一票原則という民主主義の基本理念との関係もあり、実現は政治的に容易ではない。また、ドメイン投票では選挙権を持たない世代への配慮がみられるが、現時点で存在していない将来世代の利益を選挙制度に反映させることは困難である。

世代間公平を確保するための制度については、将来世代の利益を守るための世代間公平基本法や世代間公平委員会が提案されている。世代間公平基本法により、現在世代が政府債務残高の累増を通じて将来世代に過重な負担を残すことによる著しい世代間格差を是正すべきことを明確にし、世代間公平委員会が将来世代の利益を守る観点から政策をチェックする機能を持つことが考えられる。

そもそも財政法第4条では、将来世代に便益が及ぶ公共事業費等に限って国債発行が認められており、世代間公平の視点があるとされている。しかしながら、現実には、財政法第4条の例外となる特例公債法により、長年にわたり経常的経費に充てる赤字国債の発行が常態化しており、財政法第4条の規定の主旨に立ち返ることは困難な状況にある。こうした現実を踏まえれば、世代間公平基本法や世代間公平委員会の仕組みを新たな法制度として導入することは検討に値すると考えられる。

世代間公平を確保するための制度を実現するためには、将来世代に過重な負担を残すことによる著しい世代間格差を是正すべきであるという国民的な合意形成が必要となる。こうした合意形成のためには、将来世代を含む各世代の負担についての正しい理解を国民が共有する必要があり、世代会計の活用が期待される。

環境分野では、自然破壊や環境汚染が進めば将来どうなるか想像がつきやすく、将来にわたり環境を守っていくべきという国民の合意が形成され、環境基本法をはじめとする法制度の整備にも進展がみられるところである。一方、財政については、政府債務残高の累増などの財政状況の悪化により将来

世代がどのような影響を受けるか想像がつきにくいため、将来世代の負担がどれくらい重くなるかといった世代間格差に関する情報をわかりやすく伝えることが重要となる。

シルバー民主主義の問題を緩和し、社会的に望ましい世代間の負担を実現するためには、高齢世代にも若年世代や将来世代のことを考えてもらうという利他性に働きかけることが有効であると考えられる。世代会計では将来世代全体を一括りにしているが、現在世代にとっては遠い将来世代よりも子や孫の世代や近い将来世代への関心が高いと考えられる。この観点からは、第1章の先行研究の手法面の拡張で取り上げた将来世代を細分化した手法（増島・田中 2010b）により近い将来世代の負担を可視化する意義が大きいと考えられる。

また、財政危機のリスクを考慮すると、世代会計の将来世代がすべての政府債務を返済するという仮定は妥当ではなく、財政危機が起これればその時期に生きている現在世代も大きな負担が求められることになる。政府債務の累増が、将来世代のみならず現在世代の負担になるリスクを正しく認識すれば、現在世代の利他性を前提としなくても自分たちの世代の問題としてとらえてもらうことが可能となる。

第5章の財政危機を考慮した世代会計は、このようなリスクを世代会計の推計に反映したものであり、政府債務残高の累増といった財政問題を将来世代のみの問題としてとらえるのではなく、自分たちの世代にも影響しうることを示すことに大きな意義があると考えられる。

最後に、本書の分析に共通する残された課題を指摘して締めくくる。第1に、世代会計の枠組みでは、各世代の純負担の平均値に着目しており、世代内の格差について論じることができない。実際の政策を議論する際には、世代間の格差のみならず、世代内の格差にも配慮する必要があることに留意する必要がある。例えば、第5章で示した財政危機にインフレで対応するケースでは、個人の所有する資産構成によりインフレの影響が大幅に異なるため、大きな不公平が生じる可能性が高いことにも留意する必要がある。

第2に、世代会計においては、家計や企業の最適化行動を考慮していない点に留意する必要がある。例えば、将来財政危機が発生したときにインフレ

もしくは増税により政府が対応することを家計が考慮する場合、各家計が将来の負担増に備えて、消費を減少させ貯蓄を増加させる可能性がある。このような家計の最適化行動が、経済成長率や政府の収入・支出に影響を与える可能性に加え、家計貯蓄率の変化を通じて財政危機の発生時期に影響を与える可能性がある。本書の分析では、こうした影響が考慮されていないことに留意する必要がある。

　世代会計には、こうした限界があるものの、本書の分析でみてきたように、適切な手法と前提の選択により、世代間格差についての正確でわかりやすい情報を伝えるツールとしての役割を果たすことが重要である。今後は、家計の最適化行動や世代内公平といった世代会計の限界に配慮しつつ、シルバー民主主義の問題を緩和し世代間公平を確保するための合意形成に世代会計を活用していくことが期待される。

参考文献

Auerbach, Alan J., Jagadeesh Gokhale and Laurence J. Kotlikoff (1991) "Generational Accounts: A Meaningful Alternative to Deficit Accounting," in Bradford, David eds., *Tax Policy and the Economy*, Vol. 5.

Auerbach, Alan J., Jagadeesh Gokhale and Laurence J. Kotlikoff (1994) "Generational Accounting: A Meaningful Way to Evaluate Fiscal Policy," *Journal of Economic Perspectives*, Vol. 8 No. 1 Winter 1994.

Auerbach, Alan J. and Laurence J. Kotlikoff (1987) *Dynamic Fiscal Policy*, Cambridge University Press.

Auerbach, Alan J. and Laurence J. Kotlikoff (1999) "The Methodology of Generational Accounting", *Generational Accounting around the World*, University of Chicago Press.

Auerbach, Alan J., Laurence J. Kotlikoff and Willi Leibfritz (1999) "An International Comparison of Generational Accounting," *Generational Accounting around the World*, University of Chicago Press.

Barro, R. J. (1974) "Are Government Bonds Net Wealth?" *Journal of Political Economy*, Vol. 82, No. 6.

Barthold, T. and Takatoshi Ito (1992) "Bequest Taxes and Accumulation of Household Wealth: U.S.-Japan Comparison," *The Political Economy of Tax Reform*, T. Ito and A. Krueger eds., The University of Chicago Press.

Batini, Nicoletta, Giovanni Callegari and Julia Guerreiro (2011) "An Analysis of U.S. Fiscal and Generational Imbalances: Who Will Pay and How?" IMF Working Paper, WP/11/72.

Bonin, Holger (2001) Generational Accounting: Theory and Application, Springer, Berlin.

Broda, Christian and David E. Weinstein (2005) "Happy News from the Dismal Science: Reassessing Japanese Fiscal Policy and Sustainability" in Takatoshi Ito, Hugh Patrick and David E. Weinstein eds., *Reviving Japan's Economy*, The MIT Press.

Campbell, D. W. (1997) "Transfer and Life-Cycle Wealth in Japan" *The Japanese Economic Review* Vol. 48, No. 4.

Cutler, David (1993) "Review of Generational Accounting: Knowing Who Pays, and When, for What We Spend," *National Tax Journal* Vol. 46 No. 1.

Dekle, R. (1989) "The Unimportance of Intergenerational Transfers in Japan," *Japan and the World Economy* 1.

Demeny, Paul (1986) "Pronatalist Policies in Low-Fertility Countries: Patterns, Performance and Prospects," *Population and Development Review*, vol. 12 (Supplement).

Diamond, Peter A. (1965) "National Debt in A Neo-classical Growth Model," *American Economic*

Review, Vol. 55, No. 5, Part 1.

Diamond, Peter A. (1996) "Generational Accounts and Generational Balance: An Assessment," *The National Tax Journal,* Vol. 49, No. 4.

Doi, Takero, Takeo Hoshi and Tatsuyoshi Okimoto (2011) "Japanese Government Debt and Sustainability of Fiscal Policy," *Journal of the Japanese and International Economies,* vol. 25 Issue 4.

Fehr, Hans and Laurence J. Kotlikoff (1996) "Generational Accounting in General Equilibrium," *FinanzArchiv N. F.,* Bd. 53.

Gagnon, Joseph E. and Mark Hinterschweiger (2011) "The Global Outlook for Government Debt over the Next 25 Years: Implications for the Economy and Public Policy," Petersen Institute for International Economics.

Hamaaki, Junya (2016) "The Incidence of Health Insurance Costs: Empirical Evidence from Japan" *REITI Discussion Paper Series* 16-E-020.

Harberger, Arnold C. (1962) "The Incidence of the Corporation Income Tax," *Journal of Political Economy,* vol. 70 No. 3.

Haveman, Robert (1994) "Should Generational Accounts Replace Public Budgets and Deficits?" *Journal of Economic Perspectives,* Vol. 8, No. 1.

Hayashi, Fumihiko (1986) "Why Is Japan's Saving Rate So Apparently High?" *NBER Macroeconomics Annual,* MIT Press, Cambridge, MA.

Hoshi, Takeo and Takatoshi Ito (2013) "Is the Sky the Limit? Can Japanese Government Bonds Continue to Defy Gravity?" *Asian Economic Policy Review,* vol. 8.

Hoshi, Takeo and Takatoshi Ito (2014) "Defying Gravity: Can Japanese Sovereign Debt Continue to Increase without a Crisis?" *Economic Policy Issue* 77.

IMF (2009) *IMF Interaction with Member Countries*, IMF.

Komamura, Kohei and Atsuhiro Yamada (2004) "Who bears the burden of social insurance? Evidence from Japanese health and long-term care insurance data," *Journal of the Japanese and International Economies* 18.

Kotlikoff, Laurence J. (1988) "Intergenerational Transfers and Savings," *Journal of Economic Perspectives* 2.

Kotlikoff, Laurence J. (1997) "Reply to Diamond's and Cutler's Reviews of Generational Accounting," *National Tax Journal,* Vol. 50, No. 2.

Kotlikoff, Laurence J. and L. H. Summers (1981) "The Role of Intergenerational Transfers in Aggregate Capital Accumulation," *Journal of Political Economy*, Vol.89.

Modigliani, F. (1988) "The Role of Intergenerational Transfers and Life Cycle Saving in the Accumulation of Wealth," *Journal of Economic Perspectives* 2.

Musgrave, Richard A. and Peggy B. Musgrave (1980) *Public Finance in Theory and Practice*, Third Edition, McGraw-Hill Book Company, Inc. マスグレイブ (1983)『財政学——理論・制度・政治 II』有斐閣。

Randolph, William C.（2006）"International Burdens of the Corporate Income Tax," *Congressional Budget Office Working Paper Series* 2006-09.

Reinhart, M. Carmen and Kenneth S. Rogoff（2009）*This Time Is Different – Eight Centuries of Financial Folly*, Princeton University Press. ラインハート・M・カーメン／ケネス・S・ロゴフ（2011）『国家は破綻する』日経 BP 社。

Reinhart, M. Carmen and Kenneth S. Rogoff（2011）"A Decade of Debt," *NBER Working Paper Series* Working Paper 16827, National Bureau of Economic Research.

Samuelson Paul A.（1958）"An Exact Consumption-Loan Model Interest with or without the Social Contrivance of Money," *The Journal of Political economy*, Vol. 66, Issue 6.

Shimasawa, Manabu and Kazumasa Oguro（2016）"Will Abenomics Save Future Generations?" *RIETI Discussion Paper Series* 16-E-100, The Research Institute of Economy, Trade and Industry.

Shimasawa, Manabu, Kazumasa Oguro and Minoru Masujima（2014）"Population Aging, Policy Reforms, and Lifetime Net Tax Rate in Japan: A Generational Accounting Approach," *PRI Discussion Paper Series* No.14A-04, Research Department Policy Research Institute, Ministry of Finance.

Shimono, Keiko and Miho Ishikawa（2002）"Estimating the Size of Bequests in Japan: 1986-1994," *International Economic Journal* vol. 16, Issue 3.

Tachibanaki, Toshiaki and Yukiko Yokoyama（2008）"The Estimation of the Incidence of Employer Contributions to Social Security in Japan" *The Japanese Economic Review* Vol. 59, No. 1.

Takayama, Noriyuki and Yukinobu Kitamura（1994）"Household Saving Behavior in Japan" *International Comparisons of Household Saving*, James M. Poterba eds., The University of Chicago Press.

Takayama, Noriyuki, Yukinobu Kitamura and Hiroshi Yoshida（1999）"Generational Accounting in Japan," in Auerbach, A. J., Kotlikoff L. J. and Leibfritz eds., *Generational Accounting around the World*, NBER.

アゥアバック・アラン・J、ローレンス・J・コトリコフ、ウィリー・リーブフリッツ（1998）「世代会計の国際比較」『金融研究 1998.12』日本銀行金融研究所。

麻生良文（1998）「相続を通じた世代間移転」『経済研究』第 49 巻第 4 号、一橋大学経済研究所。

麻生良文（2001）「財政赤字 世代会計の視点」Project on Intergenerational Equity Institute of Economic Research, Hitotsubashi University, Discussion Paper No. 16。

麻生良文・吉田浩（1996）「世代会計からみた世代別の受益と負担」『フィナンシャル・レビュー』第 39 号、大蔵省財政金融研究所。

伊藤隆敏（2015）『日本財政「最後の選択」』日本経済新聞出版社。

祝迫得夫（2012）『家計・企業の金融行動と日本経済——ミクロの構造変化とマクロへの

波及』日本経済新聞出版社。

祝迫得夫・岡田恵子（2009）「日本経済における消費と貯蓄 —— 1980 年代以降の概観」深尾京司編著、内閣府経済社会総合研究所企画監修『マクロ経済と産業構造』第 2 章、慶應義塾大学出版会。

岩本康志・濱秋純哉（2006）「社会保険料の帰着分析：経済学的考察」『季刊社会保障研究』第 42 巻第 3 号、国立社会保障・人口問題研究所。

上村敏之（2012）「所得税の税収構造の要因分解による実証分析：所得控除の税収ロスと税率変更による増収額の試算」『経済学論究（関西学院大学）』第 66 巻第 2 号、関西学院大学経済学部研究会。

上村敏之（2014）「所得税と個人住民税の控除が税収に与える影響」『経済学論究（関西学院大学）』第 68 巻第 3 号、関西学院大学経済学部研究会。

小黒一正（2010）『2020 年、日本が破綻する日 —— 危機脱却の再生プラン』日本経済新聞出版社。

小黒一正（2017）「シルバー民主主義と世代をめぐる課題」加藤創太・小林慶一郎編著『財政と民主主義 —— ポピュリズムは財政危機への道か』第 2 章、日本経済新聞出版社。

小黒一正・島澤諭（2011）『Matlab によるマクロ経済モデル入門 —— 少子高齢化経済分析の世代重複モデルアプローチ』日本評論社。

小黒一正・服部孝洋（2015）「太平洋戦争の終戦前及び直後のシニョリッジ推計の試み」『PRI Discussion Paper Series』No. 5A-1、財務総合政策研究所。

北浦修敏（2014）「財政の持続可能性を踏まえた世代会計の分析」『IIPS Discussion Paper』世界平和研究所。

木立力（2009）『少子高齢化の経済動学 —— 重複世代モデルの理論と展開』晃洋書房。

吉良貴之（2006）「世代間正義論 —— 将来世代配慮責務の根拠と範囲」『国家学会雑誌』第 119 巻 5・6 号。

経済企画庁（1995）『経済白書（平成 7 年版）』。

コトリコフ・ローレンス・J 著、香西泰監訳（1993）『世代の経済学 —— 誰が得をし、誰が損をするのか』日本経済新聞社。

小林航・大野太郎（2010）「日本の家計貯蓄率」『ファイナンス』2010 年 4 月号、財務省。

佐藤康仁（2005）「国民負担と世代会計論」『東北学院大学経済学論集』159 号、東北学院大学学術研究会。

佐藤康仁（2011）「世代間均衡の回復と世代間利害調整の必要性」『経済政策ジャーナル』第 8 巻第 2 号、日本経済政策学会。

佐藤康仁（2013）「2005 年と比較した 2010 年の日本の世代間不均衡」『東北学院大学経済学論集』第 181 号、東北学院大学学術研究会。

佐藤康仁（2014）「経済成長率、利子率と世代会計 —— 感応度分析」『東北学院大学経済学論集』第 182 号、東北学院大学学術研究会。

島澤諭（2007）「財政再建が世代間不均衡に与える影響について —— 世代会計による定量

的な分析」早稲田大学現代政治経済研究所。

島澤諭（2011）「世代間格差の政治経済学」『季刊 個人金融』第6巻第2号、（財）ゆうちょ
　　財団。

島澤諭（2013）『世代会計入門』日本評論社。

鈴木玲子（1999）「個人別世代会計による受益と負担の分析 ——世代間移転構造からみた
　　財政の問題点」日本経済研究センター。

土居丈朗（2008）「政府債務の持続可能性を担保する今後の財政運営のあり方に関するシ
　　ミュレーション分析 —— Broda and Weinstein 論文の再検証」『三田学会雑誌』第
　　100巻4号。

土居丈朗（2012）「法人税の帰着に関する動学的分析 ——より簡素なモデルによる分析」
　　『三田学会雑誌』第105巻1号。

内閣府（2001）『経済財政白書（平成13年版）』。

内閣府（2003）『経済財政白書（平成15年版）』。

内閣府（2005）『経済財政白書（平成17年版）』。

内閣府（2006）『経済財政白書（平成18年版）』。

内閣府（2007）「世代会計を用いた世代間の給付・負担構造及び政府債務残高に関する調
　　査」。

橋本恭之（1991）「コーホート・データによるライフサイクル資産の推計」『桃山学院大学
　　経済経営論集』第32巻第4号。

濱本知寿香（1992）「公的年金の世代間格差に関する研究」『季刊社会保障研究』第27巻第
　　4号、社会保障研究所。

日高政浩（2012）「社会保障と税の一体改革の長期財政収支と世代別受益と負担への影響」
　　『APIR Discussion Paper Series』No. 29、アジア太平洋研究所。

ホリオカ・チャールズ・ユウジ・山下耕二・西川雅史・岩本志保（2002）「日本人の遺産動
　　機の重要度・性質・影響について」『郵政研究所月報』2002年4月。

ホリオカ・チャールズ・ユウジ（2014）「なぜ人々は遺産を残すのか？ 愛情からなのか、
　　利己心からなのか？ 遺産動機の国際比較」AGI Working Paper Series Vol. 2014-14。

前田佐恵子（2015）「家計の金融資産・負債について」『フィナンシャル・レビュー』第122
　　号、財務省財務総合政策研究所。

増島稔・島澤諭・村上貴昭（2009）「世代別の受益と負担 ——社会保障制度を反映した世
　　代会計モデルによる分析」『ESRI Discussion Paper Series』No. 217、内閣府経済社
　　会総合研究所。

増島稔・田中吾朗（2010a）「世代間不均衡の研究 I ——財政の持続可能性と世代間不均衡」
　　『ESRI Discussion Paper Series』No. 246、内閣府経済社会総合研究所。

増島稔・田中吾朗（2010b）「世代間不均衡の研究 II ——将来世代の生年別の受益・負担構
　　造の違い」『ESRI Discussion Paper Series』No. 247、内閣府経済社会総合研究所。

増島稔・島澤諭・田中吾朗・杉下昌弘・山本紘史（2010）「世代間不均衡の研究 III ——現
　　存世代内の受益・負担構造の違い」『ESRI Discussion Paper Series』No. 248、内閣

府経済社会総合研究所。

三菱 UFJ リサーチ&コンサルティング（2010）「世代会計モデル・ライフサイクルモデルを用いたシミュレーション分析① 世代間格差の現状と消費税増税・子ども手当政策のシミュレーション分析」MURC 政策研究レポート。

宮里尚三（1998）「世代間再分配政策と世代間負担」『季刊社会保障研究』第 34 巻第 2 号、国立社会保障・人口問題研究所。

宮里尚三（2009）「1990 年代の世代間再分配政策の変遷——世代会計を用いた分析」井堀利宏編『バブル／デフレ期の日本経済と経済政策 5 財政政策と社会保障』第 8 章、慶應義塾大学出版会。

宮里尚三（2011）「1990 年、2000 年代の世代間再分配政策の変遷——世代会計を用いた分析」金融調査研究会報告書（47）『超高齢社会における社会保障・財政のあり方』第 3 章、金融調査研究会。

八代尚宏（2016）『シルバー民主主義——高齢者優遇をどう克服するか』中公新書。

吉田浩（1995）「世代会計によるアプローチ」『ESP』第 277 号、経済企画協会。

吉田浩（2006）「世代間不均衡と財政改革——世代会計アプローチによる 2000 年基準推計結果」、高山憲之・斎藤修編『少子化の経済分析』東洋経済新報社。

吉田浩（2008）「世代会計による世代間不均衡の測定と政策評価」貝塚啓明・財務省財務総合政策研究所編著『人口減少社会の社会保障制度改革の研究』中央経済社。

吉田浩（2011）「少子・高齢化と遺産・相続の意義と役割」『季刊 個人金融』第 6 巻第 2 号、（財）ゆうちょ財団。

索　引

ア行

暗黙の債務　　4
遺産受取額　　113
遺産額　　105
遺産動機　　117
異時点間の予算制約式　　14, 44, 105
一般政府　　2
移転支出　　14, 45
インフレ　　25, 125, 133, 136
OLG モデル　　6, 17, 102
　　→ 重複世代モデル

カ行

海外部門による公債保有　　171
家計資産額　　106
家計貯蓄率　　130, 155
過去の受益・負担を含めた手法　　21, 36
感応度分析　　15, 31, 32
企業の現金・預金　　169
ギリシャの財政危機　　4, 125, 133
金利　　30, 50, 55, 135
金利成長率格差　　55, 135
国際比較プロジェクト　　34
個人ベース（の世代会計）　　27, 67, 85
コトリコフ　　5, 13, 20

サ行

財政危機　　34, 125, 133, 153

財政危機の調整期間　　134, 141
財政危機の発生時期　　129, 139, 141, 153, 159
財政再建策　　125, 133
財政の持続可能性　　2, 22, 25, 35, 126
財政の持続可能性を考慮した手法　　22
サステイナビリティ・ギャップ　　25
シニョリッジ　　25, 133, 137
　　→ 通貨発行益
社会保険料の事業主負担　　89
社会保障給付削減　　143
就業率変化　　167
受益への算入　　27
純債務残高　　2
生涯純負担率　　32, 44, 116
生涯所得　　48
将来世代の負担　　4, 8, 187
将来世代を細分化した手法　　23, 36, 187
所得税の累進構造　　90
シルバー民主主義　　6, 36, 179, 185
成長率　　30, 50, 55, 135
政府債務残高　　4, 125, 126, 129, 132, 153, 158
政府純債務残高　　14, 44
世代間格差　　5, 13, 15, 43, 128, 179
世代間公平　　4, 13, 179, 185
世帯ベース（の世代会計）　　27, 67, 85
ゼロサム　　45, 105, 146
総債務残高　　2

相続税負担　　70, 114

タ・ナ行

中長期試算　　30, 50
中立命題　　16, 101
調整コスト　　139
調整済みネット債務　　127, 158
重複世代モデル　　6, 17, 102
　　　→ OLG モデル
通貨発行益　　25, 133, 137
　　　→ シニョリッジ
日本の財政状況　　2

ハ行

非移転支出　　14, 27, 45
プライマリーバランス（PB）　　2
分配データ　　69
ベビーブーム世代　　115
法人税負担の帰着　　51, 86

マ行

マクロ経済スライド　　52
マネタリーベース　　133, 137
民間貯蓄残高　　125, 127, 129, 155,
　　158
民間部門の世代間移転　　101

ラ行

ライフサイクル仮説　　16, 102, 110
利他的遺産動機　　101

【著者略歴】

水谷　剛（みずたに・つよし）

1995年大阪大学経済学部卒業。同年大蔵省（現財務省）入省後、財務省、金融庁、内閣府、ジェトロロサンゼルスセンター、滋賀大学経済学部准教授、湖南市総合政策部理事等を歴任。英エセックス大学修士（経済学）、英ウォーリック大学修士（経済・ファイナンス）、関西学院大学博士（経済学）。

日本財政における世代間格差の評価
世代会計の手法を拡張した分析

2018年12月10日初版第一刷発行

著　者　水谷　剛

発行者　田村和彦
発行所　関西学院大学出版会
所在地　〒662-0891
　　　　兵庫県西宮市上ケ原一番町1-155
電　話　0798-53-7002

印　刷　協和印刷株式会社

©2018 Tsuyoshi Mizutani
Printed in Japan by Kwansei Gakuin University Press
ISBN 978-4-86283-268-9
乱丁・落丁本はお取り替えいたします。
本書の全部または一部を無断で複写・複製することを禁じます。